Hinterm Horizont geht's weiter

Udo Lindenberg

Hinterm Horizont geht's weiter

Alle Texte von
1946 bis heute

ECON Taschenbuch Verlag

Veröffentlicht im ECON Taschenbuch Verlag
Originalausgabe

Umschlaggestaltung: Theodor Bayer-Eynck, Coesfeld
Titelabbildung: Mathias Bothor
Lektorat: Heike Neumann
Redaktion: Jürgen Stark
Herstellung: Elke Günzel
Gesetzt aus der Meta
Satz: Graphische Werkstätten Lehne GmbH, Grevenbroich
Druck und Bindearbeiten: Ebner Ulm
Printed in Germany
ISBN 3-612-12008-5

Anstelle eines Vorworts

Clever und smart – Ein Gespräch mit Udo Lindenberg

Von Jürgen Stark

»Hoch im Norden, hinter den Deichen, da bin ich gebor'n«, Ohrwurm mit ungenauer Ortsangabe, denn Gronau an der Dinkel ist von Ostsee und Nordsee eigentlich ziemlich weit entfernt. Doch wer will, der singt sich an jedes Ziel heran. »Ein ganz früher Text entstand 1969 auf Sylt, in einer einsamen Nacht am Strand. Ich saß da und sinnierte über Sinn und Unsinn der Welt. Er blieb unveröffentlicht und hieß ›Was ist das hier für'n Affenstern‹, ein Song voller Phrasen, ein richtiges Phrasenlied.« Da rümpft der Mann mit Hut die Nase, denn er ist sich selbst ein harter Kritiker im eigenen Nacken geblieben.

Alles entwickelte sich, die lange Reise begann eben hauptsächlich mit Alben wie »Daumen im Wind«, wo der legendäre Song »Hoch im Norden« gemeinsam mit seinem Sänger Coming-out feierte. Lindenberg: »Das war meine erste deutschsprachige LP. Ich hatte eines Nachts den lindischen Breitengrad überschritten, das muß so im Sommer '72 gewesen sein, da entstand der Text ›Hoch im Norden‹. Den Text schrieb ich in melancholischer Nacht nach einem längeren Engtänzchen mit Lady Whisky, dieser Text war nun deshalb sehr breit angelegt, die Musik wurde später einfach hinten draufgesetzt. Am nächsten Morgen, als ich das las, da dachte ich erst mal, das kann man doch gar nicht machen, das ist ja so was von gestört, da kriegst du doch sofort den Einweisungsschein. Ich nahm allen Mut und sang in der Öffentlichkeit. Und plötzlich waren alle Leute hoch amüsiert und hatten enormen Spaß damit.« Ein Konzept nahm seinen Lauf: »Da dachte ich, ist ja auch wichtig bei der Musik, daß es was zu kichern gibt, mal 'n bißchen Spaß und Partytime, in der Musik und in den Texten.« Er traf ins Schwarze und versenkte die bleierne Ernsthaftigkeit – auch in der hiesigen Rockmusik, die bis dahin zwischen Wagner und Nirwana pendelte, auf dem Haschteppich im Schneidersitz hockte und stundenlange Trommel- oder Gitarrensoli für den Höhepunkt der Musik hielt. Der alte Lindianer denkt an diese Zeit mit einem gewissen Schaudern zurück: »Bis dahin gab es in Deutschland keine guten Joke-Texte, nur traurige abstrakte Betroffenheitsgesänge (ich dachte stets: besser leicht besoffen, als schwer betroffen) und diese dumme Kegelvereinsbierseligkeit mit Liedern über Bierengpässe auf Hawaii, aber nirgendwo knallige Straßen-Jokes und Underground-Witze. Und das wurde mit dem Lied ›Hoch im Norden‹ dann praktisch eingeläutet, das war der Startschuß für echten Klartext in der deutschen Rockmusik. Der unheimliche Ernst paßte zum politischen Kampf, was ja alles auch unglaublich wichtig war und absolut dazugehörte. Ton, Steine, Scherben und so. Aber daneben gab es auch noch was. Glamour und Spaß, jokige Idyllen, da wollte keiner ran, das durfte man nicht, man wußte auch nicht, wie.« Und eine Karriere begann mit einem Text. »Warum sollte man aber nicht darüber singen, daß man zum Beispiel da oben auf 'ner Düne sitzt oder im Süden unter der knallenden Sonne irgendwo herumbrettert – einfach über Späße im Leben. Da habe ich gedacht, das kann man doch mal machen, das entspannt doch schließlich auch, sogar bei den ganz wichtigen Lebensaufgaben wie Weltveränderung.«

Dann kamen die brennenden Themen. In die Texte geriet der Zeitbezug, der ehemalige Trommler bei Acts wie Doldinger's Passport wurde Wahl-Hamburger, und die Metropole brachte ihn zum Kochen. Es entstand das wohl erste populäre Schwulenlied in der alten BRD. Udo: »›Ganz egal‹ war damals total superskandalös, da gab es noch echte Aufregung für mein Bekenntnis zu so viel sexueller Flexibilität.« Und es entstanden weiter jede Menge Bilder und Songs wie »Gene Galaxo«, Texte über

Udopia und Superautomatenstädte, über Sexroboter und Science-fiction. Er fragte sich ganz einfach: »Was liegt an, was juckt – als Antwort hab' ich mir solche Dinger ausgedacht. Alles praktisch auch wie 'ne Filmrolle unter dem Namen: Wie wird Udo ein Superstar? Ich wollte mir ein eigenes Universum schaffen und darin leben, darum ging es: reinwachsen und sich reinleben – und schon bist du Genie und Superstar. Und dann kommt du raus aus den nassen Kellern, wo man für zwei Mark fünfzig den Trommler macht, ganz nach vorne ins Rampenlicht, da wollte ich mich ganz teuer beleuchten lassen, nicht mehr auf irgendwelchen billigen Bühnen rumstehen. Obwohl ich als Trommler auch schon sehr erfolgreich war, aber eben kein Superstar.«

Es wuchs, was zusammengehörte. Der Rocker mit dem Faible für Gene Kelly oder Fred Astaire, aber auch für »Dr. Kimble auf der Flucht« oder andere prächtige Krimiserien, schwitzte auf Rockbühnen und hatte Glamour, silberne Anzüge und das Nightclubbing des Berlins der zwanziger Jahre im Hinterkopf. Ein Leben wie im Film, manchmal wie im Comic, schließlich mit baumelndem Bundesverdienstkreuz vorm Bauch. Die Texte berührten über Jahrzehnte Gesellschaft und Politik, Jugendkultur und ihre Aufbrüche und Niederlagen, Rock und Rebellion sowieso, später dominierten nach dem Ende der Friedensbewegung die Warnungen. Bei »Rock gegen Rechts« war er dabei, bei »Heute die! Morgen Du!« dann auch. Als »Panik-Panther« schlich er um die Häuser und machte Jagd auf die neuen Ausländerfeinde im größer gewordenen Deutschland. Als sich dann alle über die angebliche oder echte »political correctness« im Lande zu streiten begannen, entspannte er sich mit dem Malpinsel als das Phantom des Atlantik Hotels in Hamburg im stillen Spitzweg-Stübchen.

»Jetzt ist das so identisch geworden, die Rolle und der Original-Udo, jetzt gibt es keine Unterschiede mehr. Was mir wichtig war, das habe ich angestrebt und erreicht. Und mit dem Erfolg bin ich da so weit reingewachsen, daß ich jetzt nicht mehr mimen muß, wie es das früher noch

manchmal gegeben hat. Da wurden noch die Sprüche genau überlegt, wurden sogar die Ansagen auf der Bühne mit großen Zetteln vorgeklebt. Da hab' ich mir jede Idee genau aufgeschrieben – das brauch' ich alles gar nicht mehr, mache ich jetzt alles spontan. Den Unterschied zwischen dem Bühnenmensch, dem Schallplattenmensch und dem Privatmensch gibt es nicht mehr.«
Was auch die Textgeschichte des Herrn Lindenberg eindrucksvoll beweist. Woran denkt der Geschichtenerzähler, Seemannsgarn-Experte und Nuschelreim-Popstar denn besonders gern zurück, nach 50 Jahren Lindenberg? »An den 13. August 1973. Da gründeten wir das Panik-Orchester, da fing alles an. Da probten wir noch auf dem Land im Stall, in so einer Wildentenflugschule. Besonders spannend waren dann natürlich unsere Auftritte in Moskau und dem damaligen Leningrad, als erster westdeutscher Act, der da überhaupt rein durfte. Daneben erinnere ich mich auch gerne an die vielen, vielen Feiern. Das geht ja schon jahrelang so mit unserer Feiergemeinschaft e. V. – Musik machen wir nebenbei. Und da ich mir meine smarte Energie erhalten und auch weiterhin genial texten und lindische Lieder singen möchte, rät mir die Wissenschaft daher dringend, weiterhin intensiv zu feiern, als Quelle für meine Energie, damit auch alles weiterhin schön locker und easy bleibt. Ich will auch nie in irgendeine verkrampfte Maloche reinkommen. Solange wir noch mit der Band die Viehauktionshallen bei der Tour in Tempel verwandeln, wo die Leute vor lauter Rührung abweinen, solange ist noch alles klar auf der Andrea Doria. Die Musik ist sowieso unschlagbar scharf, da muß nichts mehr bewiesen werden.«

Und wo textet der Lindenberg der Gegenwart? »Auch heute noch entstehen meine Texte in Kneipen, sehr oft sogar, oder an der Bar im Hotel, aber auch nachts im Auto, wenn ich alleine mit meinem Öko-Schlitten 300 km/h schnell auf der Autobahn langzische. Dann jage ich durch den Nebel oder liege irgendwo nachts am Meer, alleine oder mit 'nem Geheimrat oder 'ner Geheimrätin. Auch das schwarze Buch im Atlantic-Hotel enthält so 'n paar Fragmente zu kommenden Songs, das liegt da immer bereit für Geistesblitze und kommt anschließend in den Hotel-Safe, der steht auch hinter der Bar. So ’n Song wie ›Dr. Jekyll‹ ist da entstanden, das ist ja auch so ’ne Bargeschichte. Du gehst an die Bar, hebst das Glas und nimmst den Drink, der das Gute will und das Böse schafft. Über Geoffredo aus dem Atlantic-Hotel sing’ ich in dem Text, den gibt es ja wirklich, ein Sizilianer, der schon seit über zwanzig Jahren Barchef dort ist. Er ist einer meiner höchsten Geheimräte und hoher Geheimnisträger. Da gehörte ein geheimes Buch noch dazu, sagten wir uns, das führen wir jetzt hier seit ’ner Weile. Ansonsten entstehen die Texte überall, auch im Flieger, bei Reisen, im Weltall, irgendwo. Doch um das schließlich so richtig zu formulieren, das fertig fürs Finale zu machen, dazu brauch’ ich dann doch ein bißchen Ruhe. Und die find’ ich nur nachts um vier Uhr am Meer. Oder nachts im Auto.«

Bei so viel Text, was hört er denn da immer noch, welches ist sein Lieblingssong? »Zu meinen Lieblingstexten aus all den Jahren gehört ›Kleiner Junge‹, das ist ein sehr guter Text, wohl einer der besten Texte. Als besonderen Erlebnistext erinnere ich natürlich auch immer noch den ›Sonderzug nach Pankow‹ als Verächtlichmachung dieser tragikomischen Erscheinung Honecker und seines verbrecherischen Regimes mit all den kranken DDR-Kasperköpfen. Für viele Leute war das so ’ne heimliche Nationalhymne, ich hatte deshalb drüben ja auch Lokalverbot. Unfaßbar, was das Lied so alles ausgelöst hat, da sind Leute drüben dafür in den Knast gewandert, nur für die Schräglage einer damaligen Republik. Ansonsten denke ich bei meinen Liedern auch gern an Hermine und Gustav, völlig klare Sache, an die Texte über meine Eltern. Also an das Lied über Hermines Reise nach Berlin, die Reise meiner Mutter noch vor der Nazi-Katastrophe in die Hauptstadt, um mal hinter die Kulissen zu gucken, was viele deutsche Menschen damals schon aus politischen Gründen besser hätten tun sollen. Dann trifft sie dort Gustav, dem ich doch sehr verwandt bin, nicht nur, daß ich sein Sohn bin, sondern auch noch artverwandt, mit diesen Eigenschaften und dem Leben zwischen Chaos und Pedanterie, irgendwo zwischen

Wahnsinn und Genie, zwischen Wegdriften und totaler Konsequenz. Was ich öfter mal beschreibe, in dem Gustav-Song tritt das ja auch deutlich hervor, dieses Ding zwischen Drop-out und Gentleman, öfter mal sehr feierfröhlich und voll auf Freiheit.«

Die nächsten fünfzig Jahre bleiben auch weiterhin spannend. Denn der Popstar textet immer weiter. Neben all den Feiern und immer noch und immer wieder vollen Tournee-Häusern. Bleibt noch die Frage nach der lindischen – und unser aller – Zukunft? Der Herr Kapellmeister hebt ab: »Schon in den nächsten fünf Jahren hängt wahrscheinlich jeder im Internet drin, hat jeder seinen kleinen Abflug-Terminal zu Hause. Und dann sicher nicht nur zum Lesen, sondern auch zum Hören, dann haben wir die totale Allround-Communication, das globale Dorf live. Dann wird es endgültig keine Platten und keine CDs mehr geben, dann saust man an irgendwelchen Chart-Apparaturen rauf und runter, ist man direkt an Hollywood angeschlossen, Bild- und Klangprodukte werden dann in jeden Haushalt einfließen, das kann man dann jedem Bürger von den Steuern abziehen, das steigert sogar noch die Volksbildung, muß also nicht unbedingt verkehrt sein. Worüber ich dann singen werde, mal gucken, das ist dann natürlich noch alles sehr offen, da legt sich ein Abenteurer nicht gerne fest. Es gibt ja vielfältige Vorhaben und auch Möglichkeiten, ich muß nicht alles singen und kann mich auch in Interviews äußern und Stellung beziehen und über vieles sprechen. Es muß und wird immer aktuell und abenteuerlich sein, so wie das bisher auch immer war mit den ganzen Texten, reflektierend und aktuell, aber Hauptsache abenteuerlich. Ich bin also auch weiterhin Abenteurer im Hauptberuf. Auch wenn die Texte zukünftig am PC in den Wohnstuben zum Mitsingen ausgedruckt werden, während das lindische Panik-Orchester am Bildschirm vorüberflimmert.«

An manchen langen Winterabenden, wenn draussen der blanke Hans die Scholle abgräbt, dann möchte ich meine Füsse noch tiefer in den Kamin stecken und weitererzählen von der frohen Kunde, all die mysteriösen endlosen Geschichten, die ein verrücktes Leben schrieb. Aber, halt ein, Stop beim Meilenstein Text Nummer 463, mal kurz durchatmen, checken, wie es weitergeht. Bin immer noch als junges Talent auf Expedition, selber sehr gespannt, was da noch kommt.

Hinterm Horizont wirds breiter, Prost, Ahoi und keine Panik

Euer Udo . . .

Das Plauzenklavier

Frühe Songs

Was ist das hier für'n Affenstern

Ist das hier ein Affenstern
oder was ist das für eine Welt?
Gott wohnt im Vatikan
der Teufel in der Dritten Welt
Ist das hier ein Irrenhaus
wie habt ihr euch das nur vorgestellt?
Die halbe Welt verhungert
die andere Hälfte sitzt auf ihrem Geld

Hollywood – Napalmbomben
hey Leute, wie paßt das zusammen?
Heile Welt in Disneyland
in Laos steht ein Dorf in Flammen
Flug zum Mond – Ku-Klux-Klan
Menschenrechte – Rassenwahn
sind wir denn mit der Moral
immer noch im Neandertal?

Affenstern.

(unveröffentlicht)

GI in Vietnam

Aus der Erde kommt ein Weinen
aus den Gräbern steigt ein Lied empor
Stimmen aus dem Totenreich mischen sich zu einem Chor
tief im Weltall schwebt ein Klang
vietnamesischer Kindergesang
ein Lied vom Untergang

Aus den Flüssen kommt ein Weinen
aus den Seen steigt ein Lied empor
Frauen – Kinder – und Soldaten, immer lauter wird der Chor
aus dem Weltall kommen Schreie
Trauerlied und wilde Wut
Engel bemalen den Himmel mit Kinderblut

Hörst du den Lärm des Krieges?
Siehst du die brennenden Gesichter,
die Bomben und die Flammenlichter?
Die Tränen versiegen nie ...

Aus der Erde kommt ein Weinen
aus den Seen steigt ein Lied empor
Stimmen aus dem Totenreich mischen sich zu einem Chor
aus dem Weltall kommen Schreie
Trauerlied und wilde Wut
Engel bemalen den Himmel mit Kinderblut

Engel bemalen den Himmel mit Blut
... oder ist es nur das Morgenrot
des kommenden Tages
meines letzten Tages als Soldat

(Ob ein GI in Vietnam solche Träume haben kann?)

(unveröffentlicht)

Kosmostrip

In der Welt der Mikrotiere
hat der Mensch die Gottfunktion
mit jedem Fußtritt lösch' ich ganze Welten aus
für ein Insekt bin ich ein Dämon
vielleicht sind wir
auch nur so eine Art Kleingetier
in einer anderen größeren Welt?

Vielleicht ist unsere Sonne
nur ein Funke heißer Glut
vom Joint des großen Gottes
vielleicht ist die Galaxis
nur ein Hauch von Haschischrauch
vielleicht ist unsere Erde
nur ein Körnchen Aschestaub
vom Joint des großen Gottes
das Weltall hat in einer Tabakdose Platz

Wir rufen seinen Namen
doch er hört uns nicht
viel zu weit entfernt
ist er von diesem Stern
irgendwo im Weltenraum
träumt er seinen süßen Traum
uns hat er längst vergessen
Gott ist auf Kosmostrip

(unveröffentlicht)

The River

I found my home by the river
this is a real home to me
the river is my friend and teacher
makes me understand and see

I use to sit on the banks of the river
and watch the waters drifting by
with a quiet song the river flows along
I can hear it laugh and cry

Now that I've learned the art of listening
I hear the river talk to me
a thousand voices in the whispering water
now that I've learned the art of watching
a thousand pictures I can see

So many faces in the quiet moving river
faces of people and some of them I've known
I hear the voice of a friend and of my long lost wife
I hear the moans of dying
and the laughter of life

I hear the call of longing – the cry of pain
tender words of a loving woman – and the curse of a man
I see my good old father – I meet my warm caring mother
and all the pictures and all the voices flow into each other

Isn't life like the water
spring, brook and waterfall
proud and mighty currents
kissed by the warm shining sun

but there are also other days
when icy cold streams and frantic rapids
push through dark narrow channels

I see the setting sun reflected in the dancing waves
so sure of coming back again
I see the water rising up to the clouds
and returning with the rain

But whatever happens – the river flows on
and nothing can stop its course
until the distant goal is reached
all the pictures, sounds and voices
the whole wild world is in the current
the river of life is bound to reach the deep deep ocean
the ocean of Nirvana

(unveröffentlicht)

When I was younger

When I was younger – millions of years ago
I was a waterplant, swimming on a firesea
below my roots a burning star was turning round
and I slowly began to change
I wore a thousand leaves and skins and shells
I lived a thousand lifes between the surface and the ocean's floor
And then my consciousness grew clearer

and I realized, I was a fish
and I can still remember the fear I felt
when I was swallowed for the first time

And then one day I crawled up on the shore
I tried my first uncertain steps in the yellow sand
I searched for ways of livin' in this world I didn't know before

And soon I found myself moving on again
from the coast to the desert and to the inner land
I had my home in the canyons by the volcanic seas
lived on cloudy mountains and on primeval trees

It was a long long journey
and it was like the tide
there was a new wave coming
each time that I died

It's like climbing up a ladder
without knowing how far you'll get
the first step was the waterplant
gettin' higher with ev'ry death

(unveröffentlicht)

Illusionen

Die Dame ist da
das Menü kommt gegen acht
mit bestem Wein und Kerzenlicht
beginnt die zauberhafte Nacht . . .
doch da weint der Galan und schaut durch die Tränen
auf die Schöne, die stumm ist in allen Szenen
ihr Lächeln ist endlos und leblos der Blick
Schaufensterpuppe aus der nahen Boutique

Die alte Frau
die den Kinderwagen schiebt
in dem die bunten Puppen sind
die sie über alles liebt
durchs Gelächter der Leute schiebt sie ihren Wagen
zu den Kinderspielplätzen an sonnigen Tagen
ihr Lächeln ist seltsam, die Tränen sind groß
sie ist alt und allein, kinderlos

Da ist ein Mann
der an hundert Theken steht
und der in jeder Bar erzählt
daß er zu seinem Mädchen geht
er schaut auf die Uhr, er sagt, er muß gehn
um seine Geliebte rechtzeitig zu sehn
er nimmt seine Blumen, nebenan kehrt er ein
es liebt ihn kein Mädchen, er war immer allein

(unveröffentlicht)

Wenn nichts passiert . . .

Irgendwo in irgendeinem Bretterhaus
zieht man ihn aus einer ahnungslosen Mutter raus
plötzlich bleibt die Erde stehn
und man kann wieder übers Wasser gehn
jetzt gibt es wieder was zu sehn
die tollsten Wunder geschehn

Wenn das nicht passiert, und zwar möglichst bald
dann ist das Loblied bald verhallt
dann wird die Kirche abgeschafft
Scheinchristen sind so abgeschlafft

Eigentlich ist Nächstenliebe gar nicht schlecht
Nächstenliebe ist uns allen wirklich mehr als recht
leider klappt das nicht so ganz
und mancher Traum verliert den alten Glanz
die Welt ist voller Mord und Blut
doch keine Angst, dem Papst geht's gut

Wenn nichts passiert . . .

(Seht euch in Amsterdam das »Paradiso« an,
dann wißt ihr, was man aus Kirchen alles machen kann)

(unveröffentlicht)

What color has the soul

USA - South Africa
there's no need to go so far
look around just where you are
see the people standing there, going back
they've got the past in their heads
they ignore the tragedy all around
'cause they see only what they see

They see the color of your skin, my friend
and that's enough for them to lift up their hand
they still don't know that only fairness leads to peace
what can we do to set them free from prejudice

What is the color of your soul
what is the color of your heart
what harmony fits your mentality
the man who's assessin' you with your complexion in his view
and not your character is . . . let me see a color too
is like the dirty past, so cruel, so dark is he
whatever can he be?

What color has the soul
what color has the conscience
what color has humanity
see no colors just see the worth of a man's personality

Mozambique - Rhodesia
I can count a hundred lands
first look around, see where you are
see some forward-looking people, straight ahead

they've got good will in their hearts
they recognize the urgency of the change
see, what humanity requires from you and me

They say the world is a rainbow, my friend
let's make a chain around the world hand in hand
they realize that life is full of possibilities
to change the things and make the world a place of love and peace

What color has the soul
what color has the conscience
what color has humanity
see no colors – see the worth of a man's personality

When the dream is over

It's like wakin' up in the morning
when you feel you've had a good dream
but you can't quite remember what it was
it's like wakin' up in the morning
when the dream's just left a shadow
and you feel like a lost man
who left his intended train too early
and at the wrong station

When the dream is over
you can try as hard as you can
you can only keep some sweet thoughts
but you can never ever get back to that dream again

Paradise now

The time is now for takin' a look at the rising earth
above the moons horizon – rising earth
we are all one – one world or no world

Look around and see what's wrong
we have to start to make it better
we can't just let the things go on
look, people have to come together
come together, come together
look, people have to come together

World is a rainbow – colorful living forever
you can do what you want
and we do it all together
we wait no longer – mankind's a big family
we're gettin' ready for makin' a chain
around the world hand in hand
paradise now
we're gettin' ready my friend
for makin' a chain around the world hand in hand
paradise now
the world is a rainbow – colorful living forever
paradise now
you can do what you want and we do it all together
paradise now

Lindenberg

It's allright again

Legs are moving I look at them
is it me, is it another man
many answers I can find
is it me, is it another mind
I'm sittin' here and I feel so free
the only thing that bothers me
is a yellow spotted venus-man
but else it is allright again

Watch the people passing by
see them running, they almost fly
I keep smiling, I stay cool
when they call me ›useless fool‹
I'm sittin' here and I feel so free
the only thing that bothers me
is a crazy grinnin' pelican
but else it is allright again

We could be friends

We could be friends if we'd only know
a little bit about each other
we could be friends and then we would know
more and more about each other
we could have good times going
we could do so many things together

Hey, look at me, I'm just one of a hundred people
that you've met today, but all of them just looked away
why would no one simply say:
We could be friends if we'd only know
a little bit about each other
we could be friends and then we would know
more and more about each other
we could have good times going
we could do so many things together

I'm sure that I have seen you before
'cause you got a thousand faces
my unknown friend I see you any time
and at a thousand places
don't you think we should get together
that way we could do much better

Daumen im Wind

Nun steh' ich wieder an der Autobahn
und halt den Daumen in den Wind
es wurde Zeit, mal wieder loszufahren
ich hoff', es hält bald einer an

Nun steh' ich hier und sing' ganz andere Lieder
ich weiß noch nicht, wohin es geht
ja, die Straße hat mich wieder
für Betty und mich ist es zu spät

Betty ist ein gutes Mädchen
ich weiß noch, wie das damals war
sie sagte: Schmeiß den Schlafsack weg
und bleib bei mir
ich biete dir ein festes Bett dafür

Ich hab's versucht mit ihr
und es war ja auch ganz schön
Frühstück im Bett und viele nette Sachen
doch irgendwie auf die Dauer
fand ich's denn doch nicht mehr so schön
mit mir ist das leider nicht zu machen

Und jedesmal, wenn ich am Ortsausgang stand
tat mein Tramperherz so weh
und ich wußte, daß ich sie verlassen mußte
und heut ist es soweit und ich geh'
...

Münchener Kuß

Da steh‘ ich also an der Autobahn
wann nimmt mich endlich einer mit
wann kommt denn hier mal ein Typ vorbei
der auf seine Bremse tritt

Vielleicht kommt einer, der zum Nordpol fährt
oder auch nur zur nächsten Stadt
ich steige einfach ein, mal sehn, wohin man kommt
auf jeden Fall, die Gegend hier, die hab’ ich satt

Ich möchte so gern mal nach Haiti
oder zum Titicacasee
Ich würd’ so gern einmal Freundschaft schließen
mit einem Eskimo im Schnee

Ich möcht’ auch gerne mal nach Afrika
und mit den Urwaldnegern trommeln
ich möchte mal ’nen Medizinmann fragen:
wie viele böse Geister kann er denn wohl verjagen?
...

Ich steh noch immer an der Autobahn
und träume von der weiten Welt
vielleicht sollt’ ich den Daumen etwas höher heben
denn ich will meine Träume nicht nur träumen
ich will sie auch erleben!

Good Life City

Hey - Hey - Hey
Good Life City - I'm on my way
Hey - Hey - Hey
Good Life City - I'm on my way

Den Typ da im Radio
ich glaub', den kenne ich
dreh mal lauter
mal hören, was der da singt
machst du das mal für mich?

Du, diese Stimme
die hab ich doch schon mal gehört
das klingt ja ganz manierlich
wenn man den Gesang mal überhört

I say Hey - Hey - Hey
Good Life City - I'm on my way

Mein Onkel ist Zauberer
in Bonn am Rhein
Kaninchen im Zylinder
und Tauben im Hosenbein

Hokuspokusmann, hat 'ne Menge drauf
doch eines gibt's, was er nicht kann
eine bessere Welt kann auch er nicht zaubern
da muß man sich schon selbst drum kümmern
und ich fang' jetzt damit an

I say Hey - Hey - Hey
Good Life City - I'm on my way
Hey - Hey - Hey
Good Life City - I'm on my way

Meer der Träume

Ich tauche im Meer der Träume
Poseidon weist mir den Weg
ein Abend an Deck der Titanic
eine Nacht auf Atlantis

Ich treibe mit der Strömung
zu Neptuns Nixenhaus
da treffe ich eine Schöne
die zieht die Schuppen aus

Ein Walfisch bringt Jonas und mich
an den Osterinselstrand
und plötzlich ergreift mich Aeolos
mit seiner Wolkenhand

Ich schwebe auf goldenen Flügeln
den Flügeln vom Sonnenwind
und besuch' meine kleine Geliebte
das Venuskind

Biochemon

Nur noch ein paar Jahre
dann siehst du Menschen
mit 'ner Seriennummer auf der Stirn
Chemikalien in den Adern
künstliches Gehirn
sie erzeugen im Labor
einen kompletten Kirchenchor
und das Team für den Flug
nach Alpha Centauri

Biochemon – Zukunftsdämon

Gar nicht mehr so lange
dann lachen wir
über Frankensteins Stümpereien
genau nach Plan – wie auf einer Hühnchenfarm
Menschenproduktion
Retortenkinder, was wird aus euch?
Arbeitsmänner – Freizeitfrauen
werdet ihr die Sklaven sein
oder bringt ihr uns alle um?

Hoch im Norden

Hoch im Norden
hinter den Deichen
bin ich geboren
immer nur Wasser
ganz viele Fische
Möwengeschrei und Meeresrauschen
in meinen Ohren

und mein Vater war Schipper
und fluchte, wenn Sturm war
denn dann konnt' er nicht raus auf See
und dann ging er zu Herrn Hansen
der der Chef vom Leuchtturm war
und der sagte: Keine Panik auf der Titanic
jetzt trinken wir erst mal einen Rum mit Tee!

Und ich verbrachte meine Tage im Nordseedünensand
bin jahrelang tagtäglich am Deich entlanggerannt
und Mutter brachte jeden Tag
und freitags ganz besonders
Muschelzeug und Fisch
auf den Tisch

Ja, es war ja auch schön
und das Klima war gesund
und doch hab' ich mir gedacht:
hier wirst du auf die Dauer
nur Schipper oder Bauer
hier kommst du ganz allmählich
auf den Seehund

und als ich so um sechzehn war
da hatte ich genug

Da nahm ich den nächstbesten
nach Süden fahrenden Zug
...

Und nun sitz' ich hier im Süden
und so toll ist es hier auch nicht
und eine viel zu heiße Sonne
knallt mir ins Gesicht
nein, das Gelbe ist es auch nicht
und ich muß so schrecklich schwitzen
ach, wie gern würd' ich mal wieder
auf einer Nordseedüne sitzen ...

In den dunklen tiefen Gängen der Vergangenheit

Seltsame Szenen – Nebelschwadenbilder
noch nie dagewesene Situationen
ganz fremd und doch irgendwie vertraut
als hätte man das schon mal erlebt

In den dunklen tiefen Gängen der Vergangenheit
ein Hauch Erinnerung
zieht durch das Labyrinth der Zeit
vor Millionen Jahren
Blume im Lavasee
unter meinen Wurzeln
ein brennender Planet ...

Vielleicht existiert jedes Leben immer weiter
nur die Formen verändern sich
ich, die Libelle in glühenden Wolken
gleißendes Sonnenlicht fiel auf mich . . .
ich lebte mit den Wüstenwölfen
ich war ein Fisch im Ozean
ich ritt auf einem Dinosaurier
durchs Reich der Vierten Dimension

In den dunklen tiefen Gängen der Vergangenheit
ein Hauch Erinnerung
zieht durch das Labyrinth der Zeit
vor Millionen Jahren
Vogel im Farbenrausch
unter meinen Flügeln
ein tosender Vulkan . . .

Die Kinder deiner Kinder

Die Zeit ist Gift in deinem Blut
die Jahre bringen dich um
das Meer der Zeit hat immer nur Flut
die Flut kehrt niemals um

Du bist ein Blatt, und die Zeit ist der Wind
der treibt dich durch das Leben
und irgendwann fällst du in den Dreck
. . . und der Schicksalswind
trägt ein anderes Kind
als hätt' es dich niemals gegeben

Du denkst, du bist der Größte
und besser geht es nicht
da schlägt dir der Knochenmann
die Sense ins Gesicht
glaub nur nicht, was du tust
das wäre folgenschwer
die Kinder deiner Kinder
kennen deinen Namen schon nicht mehr
sie kennen nicht mal mehr deinen Namen

Alkoholmädchen

Alkoholmädchen
du hast mir oft erzählt
wie sehr dich deine Liebe quält
deine Liebe zu mir
und zum Schnaps
das war doch klar
das konnte nicht gutgehn
ich mach' mir nichts aus Alkohol
doch du warst dauernd voll

Alkoholmädchen
du hast mir oft erzählt
wie sehr so ein Kater quält
und hast den Kaffee wieder weggestellt
und erst mal einen Korn bestellt
das war doch klar
das konnte nicht gutgehn
ich mach' mir nichts aus Alkohol
doch du warst dauernd voll

Das war doch klar
als ich dich Montagabend sah
hab' ich mir gleich gedacht
das wird deine letzte Nacht
Kollaps unterm Kneipentisch
Blaulicht - Krankenwagen
Krankenhaus
doch zu spät
zu spät
pumpen sie dir den Magen aus

Meine Eltern solln's mal besser haben als ich

Mein Alter war dauernd besoffen
und stank wie 'n Puma im Zoo
dann hat er meine Mutter getroffen
und trotzdem, sie liebte ihn so
Und dann zogen sie mit ein paar Kisten Bier
in ein Bretterhaus
sie hatten sich lieb, doch sie hatten keinen Job
und dann kamen da 'n paar Kinder bei raus

Zu fressen gab's kaum, und die Kohle war wenig
wir waren so 'ne echte Familie Rattenkönig
Mein Opa kennt noch den Schneestreß von Stalingrad
und er sagt: Was uns nicht totmacht, das macht uns extra hart
Und mein abgetörnter Erzeuger
hat 'n drei Meter langes Gesicht
denn die Revolution von 68, die lief ja wohl nicht.

Meine Eltern solln's mal besser haben als ich
darum ist Rockstar der beste Beruf für mich
Meine Eltern solln's mal besser haben als ich
Dann lade ich sie ein nach Kingston Town
um auf die Sahne zu hauen
Ja – meine Eltern solln's mal besser haben als ich

Alles klar auf der Andrea Doria

Alles klar auf der Andrea Doria

Bei Onkel Pö spielt 'ne Renter-Band
seit zwanzig Jahren Dixieland
'n Groupie haben die auch, die heißt Rosa oder so
und die tanzt auf'm Tisch wie 'n Go-Go-Go-Girl
und dann Paula aus St. Pauli, die sich immer auszieht
und Lola hat Geburtstag
und man trinkt darauf, daß sie wirklich mal so alt wird
wie sie jetzt schon aussieht
und überhaupt ist heute wieder alles klar
auf der Andrea Doria

Gottfried heißt der Knabe da hinten am Klavier
und für jede Nummer Ragtime
kriegt er 'n Korn und 'n Bier
ein Typ in der Nische schockiert seine Braut
und Bernie Flottmann denkt, er wär 'n Astronaut
jetzt kommt noch einer rüber aus der Dröhndiskothek
und ich glaub', daß unser Dampfer bald untergeht
aber sonst ist heute wieder alles klar
auf der Andrea Doria

Bei Onkel Pö spielt ’ne Renter-Band
seit zwanzig Jahren Dixieland
’n Groupie haben die auch, die heißt Rosa oder so
und die tanzt auf’m Tisch wie ’n Go-Go-Go-Girl
es kommt mal wieder gar nicht so drauf an
und Leda träumt von einem Pelikan
und überhaupt ist alles längst zu spät
und der Nervenarzt weiß auch nicht mehr
wie’s weitergeht
aber sonst ist heute wieder alles klar
auf der Andrea Doria

Boogie-Woogie-Mädchen

Als wir das letzte Mal mit unserer Band hier waren
standst du da unten im Saal
und ich sang gerade unseren Hammer-Hit
zum 150. Mal
der Trommler hinter mir rockte los wie ’n Verrückter
und der Typ da am Baß wie ein vom Jenseits Geschickter
das Panik-Orchester haute mich um
und dann auch noch du
du flipptest da rum

Boogie-Woogie-Mädchen
rote Haare im Scheinwerferlicht
und ganz naß im Gesicht
Boogie-Woogie-Mädchen
die Jeans saßen knapp, und dann hoben wir ab

In der Pause kamst du hinter die Bühne
und dann hast du zu mir gesagt:
Ich fühl' mich so gut
ihr habt mich so hochgebracht
Mädchen, die Welt, in der du sonst so lebst
war plötzlich nicht mehr da
an dem Abend warst du mehr so 'n New Yorker
Andy Warhol Superstar

Und heute sind wir wieder hier
und ich hab dich noch gar nicht gesehen
ich hoffe, du gehörst jetzt nicht schon zu den Leuten
die nicht mehr zu den Bands hingehn
der Trommler hinter mir rockt los wie 'n Verrückter
und der Typ da am Baß
wie ein vom Jenseits Geschickter
das Panik-Orchester haut mich um
und da bist du ja wieder, da flippst du rum

Nichts haut einen Seemann um

Die Boote sind noch draußen
die Kneipe ist noch leer
außer mir nur der alte Käpt'n
der ist immer hier
der fährt nicht mehr
der sitzt hier jeden Nachmittag und prüft den Rum
doch nach dem dritten Glas schon singt er leise:
Nichts haut einen Seemann um!

. . . ihn doch
und er träumt von seinen guten Tagen
da konnt' er zehnmal mehr vertragen

Überm Tresen hängen Ansichtskarten
die hat er mal geschickt
und er denkt an die Japanerin
die war so schön verrückt
ja, damals war er noch ein schneller Junge
das Leben war lebenswert
doch was bleibt einem Seemann, der nicht mehr fährt?

Die Boote sind im Hafen
die Männer kommen gleich
der Käpt'n wankt nach Hause
er schleppt sich übern Deich
er will nicht, daß die andern sagen:
Der kann ja wirklich nicht mehr viel vertragen
und nun singt er sein Lied
in den stürmischen Wind

Ganz egal

Neulich hab ich 'n Film von früher gesehn
da war so 'n Typ, den fand ich richtig gut
der hieß James Dean
die haben mir erzählt, daß er der erste war
der geweint hat auf der Leinwand
vorher gab's nur diese knallharten Männer
mit der Knarre in der Hand

Und dann hab ich alte Platten gehört
Rock 'n 'Roll von Elvis Presley
der machte damals 'ne Riesenschau
und bewegte die Hüften wie 'ne Frau
und 63 waren die Beatles da
das war damals noch ein Skandal mit dem langen Haar
und Paul sang wie ein Mädchen, das kam unheimlich an

Dann Mick Jagger und jetzt Davie Bowie
der seinen Gitarristen auf der Bühne küßt
und wieso auch nicht
es ist doch ganz egal
ob du ein Junge oder 'n Mädchen bist!

Gestern hab ich dich zum ersten Mal gesehen
weiße Haut, totaler Knock-out
für einen Moment blieben wir stehen . . .
weißt du, irgendwie fand ich dich so gut
doch dich gleich auf der Straße zu umarmen
dazu fehlte mir der Mut

Jeremias

Letzte Nacht um viertel vor vier
da hatte ich eine Erscheinung
plötzlich stand ein Engel in der Tür
und der fragte mich nach meiner Meinung
er war kreidebleich - mit 'm weißen Gewand
und er hob seine silbrig schimmernde Hand
und er sagt: Guten Tag, du bist auserkoren

die Welt braucht einen neuen Messias
Und dann hat er mir noch den Kopf geschoren
und gesagt: Du heißt jetzt nicht mehr Udo
du heißt jetzt Jeremias

Halleluja, Halleluja!

Dann hat er noch gefragt, ob ich einverstanden wär'
und ich sagte: Ja, das wär' ganz okay so
Erst fand ich's nicht so heiter
mit der Glatze und so weiter
aber dann hab' ich gesagt: Ja ich geh' so
Mit dem Zeremoniell ging es ziemlich schnell
denn er mußte auch gleich wieder los
doch dann klemmte ein Flügel
und er ganz verzweifelt:
Jeremias, was mach' ich jetzt bloß?

Dann hat's mit dem Abflug ja doch noch geklappt
und ich war wieder alleine
und dann wurd' mir erst klar
was geschehen war
und ein Zittern zog mir durch die Beine
und nun steh' ich hier
und ich heiße Jeremias
ich weiß auch noch nicht so genau, was man da macht
aber irgendwie, na klar, irgendwie
kriegen wir das schon hin
da gab's doch schon mal einen
der hat das auch gebracht

Halleluja, Halleluja!

Wir wollen doch einfach nur zusammen sein

Stell dir vor, du kommst nach Ost-Berlin
und da triffst du ein ganz heißes Mädchen
so ein ganz heißes Mädchen aus Pankow
und du findest sie sehr bedeutend
und sie dich auch

Dann ist es auch schon soweit
ihr spürt, daß ihr gerne zusammen seid
. . . und ihr träumt von einem Rock-Festival
auf dem Alexanderplatz
mit den Rolling Stones und 'ner Band aus Moskau

Doch plötzlich ist es schon zehn nach elf
und sie sagt: Ey, du mußt ja spätestens um zwölf
wieder drüben sein
sonst gibt's die größten Nervereien
denn du hast ja nur 'n Tagesschein

Mädchen aus Ost-Berlin
das war wirklich schwer
ich mußte gehn, obwohl ich so gerne
noch geblieben wär
aber Mädchen, ich komme wieder
und vielleicht geht's auch irgendwann mal
ohne Nervereien
da muß doch auf die Dauer was zu machen sein!

Ich hoffe, daß die Jungs
das nun bald in Ordnung bringen
denn wir wollen doch einfach nur zusammen sein

Cello

vielleicht auch mal etwas länger
vielleicht auch mal etwas enger
wir wollen doch einfach nur zusammen sein

Cello

Getrampt oder mit'm Moped
oder schwarz mit der Bahn
immer bin ich dir irgendwie
hinterhergefahren
nein, damals hab' ich kein Konzert von dir versäumt
und nachts konnte ich nicht schlafen
oder wenn, dann hab' ich von dir geträumt

Du spieltest Cello
in jedem Saal unserer Gegend
ich saß immer in der ersten Reihe
und ich fand dich so erregend
Cello
Du warst eine Göttin für mich
und manchmal sahst du mich an
und ich dachte ›Mann oh Mann‹
und dann war ich wieder völlig fertig

Ja, ich war ständig da, und das hat dich dann überzeugt
wir wollten immer zusammenbleiben
und überhaupt, mit dir, das war so groß
das kann man ja gar nicht beschreiben

Und heute wohnst du irgendwo
und dein Cello steht im Keller
komm, pack das Ding doch nochmal aus
und spiel so schön wie früher

Cello . . .

Er wollte nach London

Mit dreizehn ist er zum ersten Mal
von zu Hause weggerannt
er wollte nach London und später nach Paris
das waren komische Gefühle
als er nachts an der Straße stand
den Schlafsack unterm Arm
und dreißig Mark in der Hand
er rauchte viele Zigaretten
und dann wurd' es wieder heller
und morgens um sieben hatten sie ihn
sein Alter war leider schneller

Als er so um fünfzehn war, hat er's noch mal versucht
und dieses Mal hat's hingehauen
da haben sie sehr geflucht
als er drei Tage später den Eindruck hatte
daß er weit genug weg war
hat er zu Hause angerufen
und gesagt, es wär' alles klar
eigentlich war gar nichts klar

und das Geld war auch schon alle
und nun stand er da in irgendeiner kalten Bahnhofshalle

Er war in London, er war in Paris
er war in vielen großen Städten
er schlief auf harten Parkbänken
und auf weichen Wasserbetten
er spürte, daß er irgendwie auf der Suche war
doch was er eigentlich wollte
das war ihm damals noch nicht klar

Inzwischen ist er neunzehn
und er weiß immer noch nicht so genau
was er denn nun davon halten soll
von dieser ganzen Schau
viele Sachen sieht er anders
und er glaubt auch nicht mehr so daran
daß es nur an der Umgebung liegt
vielleicht kommt es doch mehr auf einen selber an

– Und nun liest er ein Buch von Hermann Hesse
und nun macht er Meditation
doch er findet Jerry Cotton auch sehr stark
und er lernt jetzt auch noch Saxophon

Die große Liebe

Die größte Liebe meines Lebens
kann ich nicht vergessen
ich kann tun, was ich will
doch ich finde keine Ruh'

Die größte Liebe meines Lebens
wohnt so tief in meinem Herzen
und diese Liebe, diese Liebe
das bist du

Ball Pompös

Jonny Controlletti

Neulich war ich mal wieder in Amerika
und da traf ich einen Herrn von der Mafia
er lud mich ein in ein Makkaronirestaurant
und ich dachte: O. k., gehst mal mit
vielleicht wird das ganz interessant
Er sagt: Ich heiße Jonny Controlletti, buon giorno, Signor
Ein kurzer Wink und 'ne schwarze Limousine fuhr vor
und später saßen wir da in der Chicago-Bar
und nach jedem Glas Chianti
rief er: Hallo Ober, noch 'ne Ladung
und zwar avanti, avanti
Und dann packt er sich das Glas, das volle
und sagt: Alles unter Kontrolle

Er hatte 'n Streifenanzug an
und Gamaschen wie Al Capone
und die Beule in der Jacke, die kam von der Kanone

Dann wollte er noch wissen
wie's denn überhaupt so wäre
mit dem Showbusiness in Deutschland
und speziell auch mit meiner Karriere

ich sag': Ich mach' da grad so'n Ding
mit 'ner höllisch heißen Panik-Band
Und Jonny Controlletti
übernahm sofort das Management

Er sagt: Si, si, Signor
wir machen das perfekt und schnell
die Jungs vom Syndikat sind enorm professionell
Und so saßen wir da in der Chicago-Bar
und er sagt: Alles klar, mein Bester
ich mach' dich über Nacht zum Superstar
dich und dein Katastrophen-Orchester
Und dann reicht er mir das Glas, das volle
und sagt: Alles unter Kontrolle

Honky-Tonky-Show

Wenn die Mütter morgens in der Zeitung lesen
daß wir kommen, kriegen die 'n Schock
und sie sagen: O Tochter, geh da bloß nicht hin
die spielen doch diesen wilden, animalischen Rock
die Musik, die die machen, ist chaotisch
nachher findest du das auch noch erotisch
bitte, geh da nicht hin, tu mir das nicht an
es gibt doch heute abend auch
'n schönes Fernsehprogramm

Honky-Tonky-Show
und abends läuft die Honky-Tonky-Show
die Mutter guckt alleine Krimi oder Quiz
und die Tochter ist da, wo die Action ist
Honky-Tonky-Show
abends läuft die Honky-Tonky-Show

Wo die Lautsprecher stehn, sind die Mädchen
weil da die heiße Luft vibriert
und das finden sie so
oh, oh, ooh
sie sind fasziniert, fast hypnotisiert
im Saal ist es heiß wie in 'ner Sauna
und es sind auch wieder
so 'n paar ganze scharfe Frau'n da
die sammeln Autogramme, aber ganz speziell
die schreiben wir mit'm Lippenstift auf die nackte Haut
nachts um 3 im Hotel

Honky-Tonky-Show
und abends läuft die Honky-Tonky-Show
seit sieben Wochen rollt unsere Show
so 'ne Tournee macht einen reichlich k. o.

Der Banddoktor sagt: Das ist ja 'n Marathonlauf
Und er macht seinen Koffer auf
und er gibt uns die Sachen, die uns kräftig machen
denn unsere Show will jeder sehn
und deshalb muß sie weitergehn ...

Leider nur ein Vakuum

Freitags abends steckt er sich 100 Mark
und 'ne Zahnbürste ein
er zieht sich die schnellen Stiefel an
das ist ein gutes Gefühl, frei zu sein
bis Montagmorgen rennt er rum
zwischendurch kommt er nicht mehr nach Haus
er sieht sich auf der Szene um
und nachts probiert er fremde Betten aus

Normalerweise läuft das sehr gut
doch manchmal gibt es auch 'ne Pleite
dann wacht er morgens auf
und Lady Horror liegt an seiner Seite
ihr Make-up ist verschmiert
die Sonne scheint ihr brutal ins Gesicht
und daß ihm so was immer noch passiert
das liegt am Suff und am dunklen Kneipenlicht

Er geht in die Madman-Discothek
da soll die große Action sein
da sind zwar jede Menge Leute
doch er fühlt sich trotzdem sehr allein
die Musik ist laut, und die Leute sind stumm
die hängen da rum, und manche gucken sehr dumm
so als hätten sie in ihren schönen Köpfen
leider nur ein Vakuum

Rudi Ratlos

Rudi Ratlos heißt der Geiger
der streicht uns grad 'n Evergreen
er ist 80, hat zittrige Finger
und ist schon ganz weich in den Knien

Rudi Ratlos mit viel Pomade
in den wenigen Haaren, die er noch hat
schade, schade, Berlin '33
da war er der schönste Geiger der Stadt
da war er der Liebling aller Frauen
und außerdem Leibmusikalartist
von Adolf Hitler und Eva Braun

Rudi Ratlos, heute wieder
auf den Brettern, die die Welt bedeuten
er wurde aus dem Altersheim abgeholt
von diesen cleveren Businessleuten

Der galante Carl Brutal
tanzt den Schieber jetzt noch mal
und er schiebt die Lady nett übers glänzende Parkett
und der Geiger geigt uns einen
und manche Damen fangen an zu weinen
und eine ist schon ganz naß
in den Augen und um die Nase blaß

Rudi Ratlos geigt den Tango
auf eine Art, die uns betört
er ist ein solcher Wahnsinnsmacker
daß selbst ein falscher Ton uns nicht stört

Der galante Carl Brutal
tanzt den Schieber jetzt noch mal
und er schiebt die Lady nett übers glänzende Parkett

und der Geiger geigt uns einen
und manche Damen fangen an zu weinen
und eine ist schon ganz naß
in den Augen und um die Nase blaß

Dieser Rhythmus, daß jeder mit muß
diese Melodie vergißt man nie
uh, das geht in jedes Bein
so muß ein Tango sein

Bitte keine Love-Story

Wenn man, so wie ich, schon mal richtig
auf die Fresse gefallen ist
weil ein Mädchen gesagt hat: Alles klar
und die Sache dann doch ganz anders gelaufen ist
hat man wenig Mut, es noch mal zu riskieren
das gleiche Spiel mit 'ner anderen
noch einmal zu probieren
man erinnert sich noch an das Magendrehn
und hat Angst, noch mal so kaputtzugehn

Meine Nerven sind empfindlich
und mein Blut ist sizilianisch
jedesmal, wenn man mich abtörnt
werd' ich völlig panisch

dann ist mein Zustand sofort katastrophal
dann renn' ich in die nächste Kneipe
und besaufe mich total
oder ich werf' die Beruhigungspillen ein
das müssen allerdings ziemlich viele sein

Und nun kennst du meine Geschichte
tut mir leid, doch jetzt weißt du Bescheid
die große Love-Story haut mit mir nicht mehr hin
bitte lassen wir diese Träume
die haben leider keinen Sinn

... doch du sagst, mit dir wär' das alles ganz anders
alles überhaupt kein Problem
und nun stehst du vor mir
und ich weiß nicht, was ich tun soll
und du sagst: Ey, komm, laß uns gehn

Gerhard Gösebrecht

Ich fuhr so vor mich hin auf der Autobahn
da stand ein Typ und winkte, und ich dachte:
hältst mal an
doch dann, als ich so allmählich näher kam:
so etwas Komisches, ganz seltsam

Er hatte Drähte an der Nase und Antennen an den Ohren
ganz grün im Gesicht
und dann beugt er sich leicht nach vorn
und er sagt: . . . § , / .!?-. . ; / §% . . .?, sehr angenehm
mein Name ist Gerhard Gösebrecht
aus dem dreizehnten Sonnensystem

Na ja, ich dachte, die machen hier gerade ’n Film
so ’ne Science Fiction Show
das sind Dreharbeiten
Doch dann sah ich da hinten ein gigantisches Ufo
das sah so beängstigend echt aus
gar nicht wie ’ne Attrappe
und Gerhard lächelt und fragt:
Glaubst du denn, wir kommen mit’m
Flugzeug aus Pappe?

Ich dachte: Moment mal, das gibt’s doch nicht
das krieg’ ich in meinen Kopf nicht rein
doch da stieg Kosmos-Gerhard
auch schon in mein Auto ein
Er meinte: Paß mal auf
wir fahren jetzt noch eben zu dir nach Haus
da packst du alles ein, was du brauchst
und dann fliegen wir ins Weltall raus

Wir fliegen zu einem fernen Planet
auf dem’s musikalisch nicht mehr weitergeht
nur noch Robotersounds und Computerklänge
Wir brauchen in unserem Imperium
dich fürs Musikministerium
wir haben die Nase vom Kosmosrock voll
wir wollen jetzt den irdischen Rock ’n’ Roll

Vampir

Cowboy-Rocker

Charles Bronson:
Hey Baby, steig auf, laß uns beide, du und ich
laß uns jetzt nach Las Vegas reiten, die Sonne putzen!

Udo:
Der Cowboy-Film ist zu Ende
im Saal ist es längst schon wieder hell
doch da hinten sitzt noch ein Junge
die denken, der schläft
sie sagen: Hau ab, aber schnell
das ist hier 'n Kino
und kein Pennerhotel!

Der Junge wär' sehr gerne noch in Arizona geblieben
in der Goldgräberstadt Gun City
oder in Laramy
er hätte gerne noch weitergeträumt
von sich und Charles Bronson
ja, Charles ist sein Freund

Und nun geht er ganz dicht an den Schaufenstern lang
und überprüft darin seinen Cowboy-Gang
dann setzt er sich auf sein Pferd aus Stahl
und jetzt hört er die Stimme von Charles noch mal:

Ey Mann, fahr zu deiner Rockerclique
und sag der Alten, die du liebst
daß du sie jetzt haben willst!

Cowboy-Rocker:
Hey Baby, steig auf
laß uns nach Las Vegas, die Sonne putzen!

Das Mädchen:
Willst du mich anmachen
oder was ist hier los, Alter?
das einzig Starke an dir ist deine Moto Guzzi
aber sonst bist du ja so ein Fuzzy!

Und der Präsident meint:
Hör mal, Mann
mach meinen Engel nicht an
sonst kriegst du dermaßen was in die Schnauze . . .

Nostalgie-Club

Im Nostalgie-Club ist heute Jubiläumsprogramm
ich hab' die Ehre, ich sage die Herrschaften an
wir haben heute Grethe Weiser am Synthesizer
und Zarah Leander singt: Kann denn Liebe Sünde sein?

Daß dieser Abend möglich wurde, das freut uns sehr
denn daß diese Stars zuletzt bei uns waren
ist schon sooo lange her
doch jetzt sind sie alle wieder da
sie kamen gestern nach Berlin
Anhalterbahnhof
oder manche kamen auch mit 'm Zeppelin

Es ist nur schade
daß Frau Dietrich nicht abkömmlich war
sie schickte uns ein Telegramm aus USA
darin stand: Sorry, sorry, doch ich geb' euch einen Tip
ich hab' noch einen Enkel in Berlin
der kann auch 'ne gute Show abziehn!

Glitzerknabe

Nach dem Auftritt geh' ich in die Garderobe
raus aus dem Frack, ich schmink' mich ab
und dann zieh' ich die Jeans wieder an
ich denk', das is 'n guter Job, jeden Abend 150 Mark
das ist schon sehr stark
dafür kann man schon mal auf die Bühne gehn
und als Glitzerknabe im Rampenlicht stehn

Votan Wahnwitz

Der Dirigent

Er war ein Dirigent
ein großer Dirigent
so berühmt wie Herbert von Karajan
wenn er den Taktstock in seine Hände nahm
dann hielt das Publikum den Atem an
das Orchester war getrimmt
und bestens eingestimmt
ein letzter Blick auf die Partitur
der Frack saß exzellent
und nun begann der Dirigent
mit seiner Chaos-Symphonie in Atom-Dur

Votan Wahnwitz

Wahnsinn und Genie gehen Hand in Hand
dieser Taktstockmeister war auch dafür bekannt
dann stand er da, mit wirrem Haar
dem Herzinfarkt verdächtig nah
und wieder war er außer Rand und Band

Er wurde high von der Musik
sehr schnell kam er in Rage
der Satan saß ihm in Genick
und trieb ihn zur Ekstase
er heizte das Orchester an
ein Befehl und hundert Mann
im ganzen Saal ein einziges Gerase

Die Sopran-Vokalistin mit den riesigen Brüsten
hatte es dem Meister angetan
doch sie liebte einen Herrn vom Ballett, der war sehr nett
der tanzte immer den sterbenden Schwan
sie sang, so schön sie konnte
nur für ihren Tänzer
doch der hörte gar nicht hin
denn seine ganze Liebe galt nur dem Maestro
und nicht dieser Sängerin

Daniels Zeitmaschine

Neulich traf ich Daniel Düsentrieb:
Guten Tag, ach, kommen Sie doch mal mit in mein Labor!
und da führte er mir voller Erfinderstolz
die neue Zeitmaschine vor
Er sagt: Hier ist der Knopf für die Zukunft
und da der Hebel für die Vergangenheit
mit diesem Apparat flippst du sehr akkurat
in jede gewünschte Zeit

Daniel, oh Daniel, laß uns starten, und zwar schnell
ich möchte mal zurück ins Neandertal
oder laß uns nach Utopia fahren, mal gucken was da los ist
mal gucken, was so passiert in ein paar hundert Jahren

So flogen Düsentrieb und ich erst mal in die Zukunft
direkt ins Jahr 3010
da schlichen die Menschen dumpf und öde
in der Gegend umher, und ihr Blick war blöde
und in ihren Ohren Maschinen- und Raketengedröhn
Sie schluckten brav ihr Rauscholin
das bekamen sie täglich vom Roboterregime
ja, gut geschluckt am Morgen – und ein Tag ohne Sorgen
und abends ging man ins Automatenbordell
da wurde gebumst, und zwar maschinell

Die Damen hatten schöne Glatzen
doch man kam an diese Ladies nicht ran
denn sie schlossen sich ja lieber an den Lustcomputer an
und so fuhren wir wieder nach Hause
zurück in die Gegenwart
und da war ich gerade 'n Pop-Star
doch der Job war mir zu hart ...

Oh Daniel, oh Daniel, laß uns abhauen, und zwar schnell
er sagte: Gebongt, die Zeitmaschine ist startklar!
Bring mich zurück in die Vergangenheit
mal gucken, was da los ist
wir checken jetzt mal aus, was früher so war ...

Da war so viel los

Plötzlich bin ich wieder der kleine Junge
ganz spitz auf Lakritz
für den eine Expedition zum nächsten Block
weit wie ’ne Reise nach China ist
der kleine Robinson Crusoe
auf Entdeckungstour
meiner Mutter Hermine mißfielen
die Onkel-Doktor-Spiele
und meine Schwäche für Whisky-pur
ich seh’ July Müller, meine erste Liebe
mein Herz knallte los
wir wollten heiraten, doch dann kam Jan von nebenan
und ich verliebte mich in Rennautos

Da war so viel los
das Leben bestand ausschließlich aus Sensationen
und jeder Tag
brachte jede Menge phantastische Situationen
Einmal sind wir losgezogen
wir suchten das Ende vom Regenbogen
da war schwer was los . . .

Und dann in der Schule hatte
keiner Bock auf Mathe
lieber ging man stolz mit ’ner Zigarette
zum Schwindeligwerden auf die Toilette
Gerne quälten wir auch manche Lehrer
die wurden sowieso immer unfairer
einen haben wir so fertiggemacht
der hat sein ganzes Gehalt zum Psychiater gebracht

Kinder:
Also ich werd' später Löwenbändiger
Ach nee, das is' viel zu gefährlich
da wird man ja gefressen

ich werd' lieber Kaugummifabrikant
Ich find' das besser: Taucher
Ich werd' lieber Pop-Star
Das find' ich alles ganz doof, ich mach 'nen Zirkus auf
Ich werd' später Testpilot
Und ich Filmstar in Hollywood

Letzte Woche war ein Klassentreffen
da sah ich sie wieder
die mißglückten Helden, die jetzt Beamte sind
die Bonnies und Clydes von früher
jetzt als Herr und Frau Bieder
die Power von damals ist leider hin
und Fritz der Cowboy wurde nur
Manager bei der Müllabfuhr . . .

Der Malocher

Die Alte zu Haus war auch nicht mehr das
was sie früher einmal war
schon morgens saß sie vor der Glotze
mit Lockenwicklern im Haar
wenn er schlapp von der Maloche nach Hause kam
saß sie immer noch da

sie sagte: Hier hast 'n Korn
der bringt dich wieder nach vorn
und im Fernsehen läuft der Kommissar

Uh, er hatte die Schnauze von diesem Leben voll
er wär' so gerne ausgeflippt
und mit solchen Gedanken hat er dann
noch mal an seinem Glas genippt
Und dann schmiß er's mit Karacho voll ins TV
und schrie: Ihr glaubt wohl, ich bin nicht ganz dicht
jeden Abend Fusel schlucken
und dann in die Röhre gucken
und dann pennen und dann wieder Schicht!

Der Malocher aus dem Ruhrgebiet
tat nun etwas, was sonst nur selten geschieht
schmiß seiner Frau das Mobiliar vor die Füße
und sagte: Nun ist aber Schluß, meine Süße!
Und mit dem Lottogewinn
das haut ja doch nicht mehr hin
komm Weib, mach meinen Koffer klar
ich hau' jetzt ab nach Paris, da ist das Leben so süß
da trink' ich Sekt im Alcazar
und tanze Cha-Cha-Cha, uh!

Er fuhr mit der Bahn
Erster Klasse, nach Paris (Gare du Nord)
er bestellte sich Champagner
den trank er aus der Flasche
und kam sich ganz schön super vor
Und als er dann da war
und schon nicht mehr ganz klar war
da traf er ein charmantes Mädel

und am nächsten Morgen war er allein im Hotel
ohne Kies und mit 'nem schweren Schädel . . .

Der Malocher aus dem Ruhrgebiet
machte etwas, was sonst nur selten geschieht
schmiß seiner Frau das Mobiliar vor die Füße
und sagte: Nun ist aber Schluß, meine Süße!
Und mit dem Lottogewinn
das haut ja doch nicht mehr hin
komm Weib, mach meinen Koffer klar
ich hau' jetzt ab nach Paris, da ist das Leben so süß
da trink' ich Sekt im Alcazar
und tanze Cha-Cha-Cha, uh!

Guten Tag, Herr Filmproduzent

Guten Tag, Herr Filmproduzent
haben Sie mal fünf Minuten Zeit für mich
sagen Sie, daß ich noch nicht beim Film bin
finden Sie das nicht auch bedauerlich
bei meinem Talent?
Da sagt er: Moment mal
bei Ihrem Gesicht werden die Mütter sagen
Kind, der hat ja 'ne Fresse zum Reinschlagen
abgesehen von dem bißchen Sex-Appeal
haben Sie nicht viel von dem
was ein Schauspieler braucht

Ich sag' Ich könnt' ja zur Not auch incognito
mal ein Drehbuch schreiben für 'ne Wahnsinnsshow

über Terri Terror und Anna Anarcho
und deren Flugzeugentführung nach Addis Abeba
nach Beirut oder nach Jemen
und ich schwör' Ihnen, das Publikum weint vor Rührung
wenn Sie Inge Meisel als Geisel nehmen

O-Rhesus-Negativ

Es war Mitternacht, ich ging spazieren
da bemerkte ich
ein Finstermann mit 'm großen Hut
verfolgte mich
und dann sprach er mich an
schmatzend und mit knirschenden Zähnen:
Ach, würden Sie wohl so freundlich sein
und Ihre Blutgruppe mal erwähnen?

Ich dachte mir, das ist 'n Vampir
da muß man vorsichtig sein
ich sagte: Moment
ich guck' mal eben in meinen Ausweis rein
O-Rhesus-Negativ, da verzog er sein Gesicht
und meinte: So 'n Mist
ausgerechnet diese Sorte vertrag ich nicht!

Um ihn zu trösten, lud ich ihn ein
auf ein Glas Bier
doch er meinte, das wär' für ihn kein Plaisier:
Es muß schon dieser rote Spezialsaft sein

Elli Pyrelli

es gibt nur ein Getränk, das find' ich gut
und das ist Blut!

Wir unterhielten uns noch ganz prima
über Klima, Gott und die Welt
und er erzählte mir von seinem Vampirleben
und daß es ihm gut gefällt
er sagt: Ich brauch' nicht zu malochen
jeden Tag ins Büro zu laufen
am Tag schlaf ich in meinem Sarg
und nachts geh ich mich besaufen!

Ja, wenn das so ist, möchte ich auch Vampir sein
da sagt er: Reichen Sie doch mal 'n Antrag
beim transsilvanischen Prüfamt ein
dazu brauchen Sie aber vom Zahnarzt
'n Tauglichkeitsschein
denn wenn die Beißer zu kurz sind
kommen Sie nie rein in unseren Verein!

Elli Pyrelli

Elli Pyrelli
vom Regensburger Opernhaus
bläht ihre Kehle und ihre Seele auf
und kommt wieder ganz groß raus
und überhaupt ist diese Art Schmettergesang
neuerdings wieder sehr gefragt
die Rock 'n' Roll-Gespenster sind weg vom Fenster
die Arie ist angesagt

Tele komm

Elli Pyrelli: Oh Votan, weiche von mir...

Eines Abends kam die Pyrelli auf die Bühne
und der Wind von der Windmaschine
hat sich ihr Gewand gepackt
und plötzlich war die Dame nackt
ihr Orkan-Organ und dann noch dieser Anblick
das trieb die Leute auf die Sitze
das hielt das ganze Haus im Kopf nicht aus
sie war ja auch wirklich einsame Spitze!

Früher drehten die Elektrorocker
ihre Verstärker auf
jede Menge Phon, bis zur Ohramputation
und schließlich stand kein Mensch mehr drauf
man wollte lieber wieder seriöse Lieder
und nicht diesen Pop-Krawall
vielleicht auch mal wieder ’ne Operette
mit Gesang wie von ’ner Nachtigall

Es ist alles im Lot auf dem Riverboat

Es ist alles im Lot auf dem Riverboat
und jetzt fahren wir los nach Cuxhaven
die Sklaven im Keller, die rudern los
sie sind frisch und ausgeschlafen
der Kapitän Zäsar Zechmann verspricht
daß er nicht wieder so besoffen wird
wie letztes Mal, denn da wär’ beinah ein Schiffsunglück passiert
der Steuermann kichert und stiert auf den Kompaß

weiß kaum noch, wie er gucken soll
und jetzt merk ich, die ganz Crew
ist sowieso schon wieder voll

Es ist alles im Lot auf dem Riverboat
alles im Lot
und wenn's untergeht, is' auch egal
mit'm U-Boot fahren wollt' ich immer schon mal

Der Sprit macht uns fit
und die Jazzmusik tönt angenehm in unseren Ohr'n
und Chris der Trompeter
pustet den Blues in sein verbeultes Nebelhorn
die Passagiere saufen wie die Tiere
und fordern die Kapelle auf
spielt doch endlich »Ice Cream« mit'm schönen Tubalauf
der Heizer und die Stewardeß
verkriechen sich im Rettungsboot
und plötzlich hör' ich ihren Schrei:
Baby, du heizt mich halbtot!

Es ist alles im Lot auf dem Riverboat
alles im Lot
und wenn's untergeht, is' auch egal
mit'm U-Boot fahren wollt' ich immer schon mal

Den Ozean-Dampfer am Kai Nummer 10
hat der Kapitän leider nicht mehr gesehn
uh, schon wieder ein Schiffsuntergang
wir werden immer nasser
jetzt singen wir unter Wasser:
Es is' alles im Lot . . .
gluck – gluck – glucks!

Das kann man ja auch mal so sehn

Glaubst du denn, daß die Frau, mit der du zusammen bist
die einzig mögliche Dame auf dieser Welt für dich ist?
Zufällig war sie da, und da hast du sie genommen
sonst wär' das garantiert mit 'ner anderen so gekommen
das klingt zwar nicht so schön
doch das kann man ja auch mal so sehn

Und jetzt hat sie dich runtergebracht
und du denkst die Welt geht unter
aber bald kommt eine neue Frau
und die macht dich wieder munter
nimm das mal nicht so tragisch
ey, es kommt nicht so drauf an
sag doch deiner Alten ganz einfach
was sie dich alles kann
nimm das mal nicht so tragisch, mein Sohn
die anderen Süßen, die warten doch schon

Die sitzen in Honolulu
im weißen Sand am Palmenstrand
oder in Konstantinopel oder im Sauerland
die fahren in Tokio U-Bahn oder in Miami Wasserski
die wärmen bereits die Betten an
für deine Figur, Chérie
nimm das mal nicht so tragisch, mein Sohn
die anderen Süßen, die warten doch schon

Jack

Heute morgen um 7 ging das Telefon
sie sagten: Dein Freund Jack ist tot
ein Laster ist frontal in ihn reingeknallt
der hatte überholt trotz Überholverbot
Zuerst wollte ich das nicht begreifen
ich dacht', das ist ein makabrer Gag
mein Freund Jack kann doch nicht so plötzlich sterben
wir wollen doch heute abend noch zusammen weg

Es war wie ein Faustschlag in den Magen
diese Nachricht von Jackies Unglück
ich versuchte mir vorzustellen
wie dieser Lkw auf ihn zukommt
und was in Jack vorgeht in diesem Augenblick

Ein komischer Zufall, erst vor zwei Wochen
haben wir noch über den Tod gesprochen
er hatte Angst davor, er meinte, dann ist alles zu spät
ich sagte: Nein Jack, ich glaub', daß nach dem Tod
das Leben irgendwie weitergeht!

Über den Wolken ist es so schön
wie in den Bergen der Antarktis
und weiter geht dein Flug, vorbei an den Planeten
und du erreichst die Rock 'n' Roll-Galaxis
Und da siehst du ihn wieder
Jimi Hendrix, ich weiß noch, als er starb
warst du sehr traurig
weil's für dich keinen Größeren gab
und Buddy Holly
singt für dich noch einmal ›Peggy Sue‹

du bist froh, daß er auch da ist
und zusammen mit deiner neuen Freundin Marylin
hörst du ihm zu
Brian Jones und Janis Joplin auf dem Nebelpodium
und bald gehörst auch du zu ihrem Stammpublikum

Galaxo Gang

Rock 'n' Roller

Mac war ein Junge und seine Welt war
ein Hinterhof im Hamburg-Altona
seine Mutter war schon tot, sie starb sehr früh
sein Alter war ein Säufer, den sah er nie

Die anderen Kinder spielten mit Spielzeugknarren
doch er stand mehr auf Rock 'n' Roll-Gitarren
eines Tages ging er los und klaufte sich so'n Ding
und dann übte er im Treppenhaus, so oft es ging

Und er wurde ein Rock 'n' Roller, Rock 'n' Roller
und er wußte, er wird noch mal ein großer Star
und er spielte so schön schmutzig wie der Dreck
den man unter seinen Fingernägeln sah

Er machte 'ne Band auf mit Conny und Fats
sie nannten sich »The Heavy Cats«
sie rockten drauf los, bis sich die Klampfen verbogen
und ihnen die Trommelfelle um die Ohren flogen

Wie kam nun Mac an seine starke Stimme?
Diese unheimlich geile, diese wahnsinnig schlimme
er hat 'ne Mülltonne aufgeklappt
reingeguckt und kräftig Luft geschnappt

Und er wurde ein Rock 'n' Roller, Rock 'n' Roller
und er wußte, er wird noch mal ein großer Star
und er sang so schmutzig wie der Dreck
den man unter seinen Fingernägeln sah

Reggae Meggi

Letzten Monat flog ich auf die Bahamas
ich holte mir den Fliegeschein
ich sagte: Es muß Pan Am sein oder BEA
oder vielleicht auch die Deutsche Lusthansa
nur nach Möglichkeit nicht die Never Come Back-Airline!

Dann an Bord sagte ich dem Piloten:
Ich vertraue Ihnen meinen Body an
landen Sie nicht auf'm Acker oder auf dem Ozean
bitte nehmen Sie die Bahama-Landebahn!
Und dann in Nassau, da sah ich sie: Reggae Meggi
oh Meggi, oh Meggi, Reggae Meggi

Meggi war eins von diesen Hula-Hula-Mädchen
ihr praller Busen war pralinensüß
sie trug eine nette Lotusblütenkette
unter dem Bananenschalenkleid war sie allzeit bereit
und ich dachte: Mann, oh Mann, das macht mich an
ich glaub', ich bin im Paradies!

Ich sitz' am Strand auf einer Palme
schlör Likör und bin bald pickepackevoll
und dann schmeiß ich mit 'ner Kokosnuß
nach der einen, die es sein muß
dann weiß sie, daß sie kommen soll

Oh Meggi, oh Meggi, Reggae Meggi

Und abends gehen Meggi und ich in die Bar
da wird heißer Reggae gespielt
und die Boys vom Special-Service sind natürlich auch da
und es wird mit Nasenpuder gedealt
man gibt den Kopf ab an der Garderobe
man braucht ihn nicht mehr in diesem Flair
es wird rumgemacht, die ganze Nacht
bis man morgens um acht
schlapp in die Hängematte kracht

Meggi, jetzt bin ich wieder zu Hause
und liege im Krankenhaus
mein Doktor hatte mir zwar Erholung verschrieben
doch auf den Bahamas flippte ich völlig aus

Oh Meggi, oh Meggi, Reggae Meggi . . .

Nina

Es ist besser, Nina, wenn du jetzt gehst
denn du bist erst 14
deine Eltern warten sicher schon auf dich
komm, du muß jetzt gehn
der Nachmittag war wirklich stark
hat wirklich viel gebracht
und im Kino haben wir sehr über Woody Allen gelacht
wir können uns ja morgen wiedersehn
abgemacht . . .?

Zuerst warst du für mich noch ein halbes Kind
und noch lange keine Frau
doch nachdem ich dich jetzt öfter gesehen hab'
weiß ich's nicht mehr so genau
und das hast du gemerkt, und das findst du gut, nicht?
sei mal ganz ehrlich
doch wir können solche Sachen leider nicht machen
denn du bist 14, und das ist zu gefährlich

Nach der Schule kommst du an mit deinem Mofa
du haust dich in mein Sofa und steckst dir eine an
du erzählst mir von den Jungs aus deiner Klasse
und daß man mit denen nicht viel anfangen kann
du sagst, mit mir findst du's viel interessanter
weil ich Musik mach' und anders als die anderen bin
du versuchst mit allen Tricks, mich rumzukriegen
aber wenn's mir auch schwerfällt
das kriegst du nicht hin!

Es ist besser, Nina, wenn du jetzt gehst
denn du bist erst 14
deine Eltern warten sicher schon auf dich
komm, du mußt jetzt gehn
wir sollten uns erst mal nicht mehr wiedersehn
weil das zu gefährlich ist
ich hätte dich heute beinahe geküßt
Nina, schade, daß du noch nicht 16 bist . . .!

Wenn ich 64 bin . . .

Wenn ich mal alt bin
die Haare sind futsch
im Jahr 2010
wirst du dann immer noch bei mir sein?
Uh, das fänd' ich schön . . .
wenn ich senil bin
mit'm riesigen Bauch und 'nem schönen Doppelkinn
wirst du mich lieben
immer noch lieben, wenn ich 64 bin?

Wenn ich am Tag nur noch 2 Schnäpse vertrag'
und nur noch einmal im Monat bumsen mag
wirst du mich lieben
immer noch lieben, wenn ich 64 bin?

Jeden Sommer mieten wir uns ein Häuschen auf Sylt
wenn die Rente reicht
die Enkel kommen uns besuchen
ich spiel' mit denen am Strand, bau 'ne Burg aus Sand
und du backst den Haschischkuchen

Wenn ich mal alt bin
ich geh' am Stock
und in den Knien ganz weich
wenn ich dann mit glänzendem Nostalgie-Blick
am Onkel Pö vorüberschleich'
wirst du dann sagen:
Alter, keine Panik
für mich bist du immer noch der King

Wirst du mich lieben
immer noch lieben, wenn ich 64 bin?

Ich bin Rocker

Ich bin Rocker
meine Gang nennt sich »Lucifer Mob«
am Tage bin ich Schlosser
das ist 'n ziemlich mieser Job
aber abends hol' ich dann meinen Ofen aus dem Stall
in den Lederjackentaschen dicke Feuerwasserflaschen
und zwischen den Knien der Tank voll Benzin

Ich war früher viel allein
da war ich oft ganz schön down
dann stieg ich ein in den Verein
jetzt hab' ich viele Kumpels
und da gibt's auch Wahnsinnsfrauen
die sitzen auf dem Sozius
und sagen: Alter, nun heiz mal schön!
Und dann geben sie mir 'n Kuß
bei Tempo 110

Ich bin Rocker
doch ich hätt' noch viel mehr Spaß dabei
wenn's unter uns
nicht immer wieder so 'n paar Ochsen gäb'
immer geil auf 'ne Schlägerei
oder gestern in 'ner U-Bahn
haben sie wieder so 'nen Scheiß gebracht
sie meinten zu 'ner Mutter:
Schmeiß dein Baby weg, es wird dir sofort
'n schönes neues gemacht!
Manchen Rentner haben sie ausgeknockt
und ihm die Kohle abgenommen
und jede Menge alte Frauen
sind auch schon voll auf den Horror gekommen

Ich bin Rocker
doch ich steh' nicht auf Gewalt
ich bin nicht so 'n primitives Schwein
und schlag 'nem Schwachen die Fresse ein
wir sind Rocker, wir sind Rocker
doch ohne amputiertes Gehirn
und wenn man uns nicht dumm

von der Seite anquatscht
dann kann auch nichts passieren . . .!

Wir sind Rocker, wir sind Rocker
und wir stehen nicht auf Gewalt . . .!

Radiosong

Nun hab' ich dieses Lied gemacht
und diesen Text geschrieben
und ich hab' dabei an dich gedacht
das war letzte Nacht . . .
und heute morgen rief ich dann
ein paar Freunde an
und wir trafen uns im Studio

Ich hab' die Harmonien
noch mal in Feinschrift aufgeschrieben
und dann gab es noch Probleme
mit dem Schlagzeugsound
Doch dann war alles klar, wir waren soweit
und Thomas von der Technik war ebenfalls bereit
er gab uns ein Zeichen, die Maschine lief schon
die Band spielte los, und ich stand am Mikrophon
und ich sang so schön ich konnte, für dich!

Ich ging mit dem Tonband in der Hand
zu meiner Plattenfirma
doch die sagten: Leider geht das nicht
so ein Song verkauft sich nicht!

Es war sehr schwer
doch irgendwie hab' ich den Leuten klargemacht
daß dieses Lied sehr wichtig ist
erst haben sie mich ausgelacht, doch dann sagten sie:
O. k., das Ding wird rausgebracht!

Und nun hoff' ich so, du hörst dieses Lied mal im Radio
oder bei Freunden, in 'ner Diskothek oder irgendwo
ich weiß nicht, wo du wohnst
ich weiß nicht, was du machst
und ob du nicht vielleicht über diese Platte lachst
oder hörst du dir vielleicht nur noch Schlager an?
Und ich hab' das alles ganz umsonst getan
ich hoffe so, du hörst dieses Lied mal im Radio
wie soll ich dich denn sonst erreichen
ich wußte nicht wie
bitte ruf mich an
die Nummer kriegst du von meiner Plattencompany!

Bodo Ballermann

Bodo Ballermann spielte beim
Rambo-Zambo Kickerverein
er flitzt übern Platz, schnell wie ein Tiger
und er war der Schrecken der Bundesliga
sah man 'n Fleck, meistens war's 'n blauer
am Schienenbein von Fränzchen Beckenbauer
oder hielt sich ein Torwart verzweifelt den Magen
hatte Bodo wieder zugeschlagen!

Hau rein, is' Tango
tu ihn rein, is' Cha-Cha-Cha
10 000 Leute brüll'n im Chor:
Wir wollen das Granatentor!
Der Torwart greift vergeblich
nach dem riskanten Ball
doch er knallt bloß mit dem Kopf an die Latte
weil Bodo gut getäuschet hatte

Weil Bodo nicht nur gut war im Spiel
sondern den Frauen auch besonders gefiel
hat er dann reichlich mit den Groupies gepennt
und viel gesoffen, so entfiel das Happy End
Als dann die Damen ihm seinen Samen nahmen
als er dann jede Nacht in irgend 'ner Eros-Bar war
verlor er schnell die Kondition
und dann im Fußballstadion
war er bald so abgeschlafft
wie ein versoffener Clochard

Hau rein, is' Tango
tu ihn rein, is' Cha-Cha-Cha
10 000 Leute brüll'n im Chor:
Nun baller doch endlich mal wieder 'n Tor!
Doch Bodo trifft den Ball nicht mehr
dafür des Schiedsrichters Maul
und der zieht die rote Karte und nuschelt ohne Zähne:
Herr Ballermann, das war Ihr letztes Foul!

Gene Galaxo

a)
1990 gab es einen Sänger
jedes Kind und jeder alte Mann kannte seine Songs
in jedem Haus gab's Platten
Cassetten und Video-Filme von ihm
in jedem Wohnsilo gab's ein Fanbüro
und alle liebten ihn

Seine Poster gab's millionenfach
wenn die Frauen ihn sahen, wurden sie schwach
und bei vielen Männern wurden seltene Gefühle wach
das Volk hing an seinen Lippen
wenn er sang oder sprach

Er erzählte in seinen Science Fiction Liedern
von der Ruine New York City
und vom Atomkrieg aus Versehen
er sang von den Selbstmordwellen
in den Ghettos der Automatenstädte
und von der Sexualroboterin Amoureen
er brachte seine acts im Fühlkino und im Satelliten-TV
er sang im Radio den Kriminaltango
von der US-Gangsterdemokratie
er sang vom Massenknast in Moskau
von dieser ganzen beknackten Szenerie
er sagte: Seht, es regiert euch die Schizophrenie
in der einen Hand die Planeten
in der anderen Hand die MP
ihr steht mit einem Bein im Marskanal
mit dem anderen im Neandertal!

Zu jedem Konzert kam ein riesiger Pilgerzug
bald waren die Fußballstadien nicht mehr groß genug
es war wie eine Epidemie
mit seiner Show und seiner Musik
und bald war er zu mächtig
für die Herren von der Politik –
die Regierungscontrollettis
und auch der Märchenprinz von Vatikan
boten ihm 500 Millionen an:
Seien Sie doch unser Mann!

Anruf des US-Präsidenten:
This is the President of the United States
I've heard a lot of what you're doing
I'd like to offer you an invitation to
the White House. Me and my wife, we'd like
to have cocktails with you and – maybe 500 Million
Dollars? – What do you say?

Der Papst: Le cerciamo un posto in paradiso!

Der Sänger: No!

1990 gab es einen Sänger
den man eines Abends beim Auftritt erschoß
in der Tagesschau log ein Mann vom Staat:
Ein geisteskranker Fan verübte dieses Attentat!

b)
Der Mutant:
Schnell fabrizierte die Regierung
einen neuen Held
in der Retorte wurde
Gene Galaxo hergestellt
dieses Musikgenie aus der Biochemie
war bald aktionsbereit und bühnenklar
Gene Galaxo, der Mutant aus der Serie X5A
war bald der neue Übersuperstar
unschlagbar in der Musik
nicht interessiert an Systemkritik
der Präsident hat ihn persönlich programmiert
er hat das Aussehen, das die Leute
gut finden heute
er bringt die Show, die sie total fasziniert

c)
(Auftritt des Gene Galaxo)
Leute, die Welt ist prima!
Schön ist es auf der Welt!
lalalalalalala
die uns so gut gefällt!

Früher gab's ein Wort, das hieß ‹Problem›
das strichen wir aus dem Vokabular
heute ist das Leben ja so angenehm
nicht wahr? Jaja! Nicht wahr?!

Mädchen

Es gibt Frauen, auf die ich überhaupt nicht kann
Fräulein Eitel, Mademoiselle Plastic
das ist die Sorte, guck sie dir an
immer nur schön sein, ist ihr Hauptinteresse
sie schmieren sich reichlich Farbe in die Visage

Und am Wochenende gehen sie dann
in den »Club Adrett«
da lassen sie sich bestaunen und sind auch sehr kokett
und Mr. Schniegelmann, der gute Sprüche kann
der macht sie an
der lädt sie erst in sein schönes Auto ein
und später in sein Bett.

Sie beziehen ihre Bildung aus den Modemagazinen
und leidenschaftlich wandern
sie von einer Boutique zur anderen
viel mehr tun sie nicht, so vertrödeln sie ihr Dasein
und ich find' das ganz schön traurig
und ich faß mir an den Kopf
und ich sag' mir: das darf doch nicht wahr sein!

Es gibt Frauen, die ich sehr gerne mag
die trifft man leider nicht jeden Tag
die tragen keine Maske, sind an Mode nicht interessiert
die finden es viel bedeutender
daß es im Kopf funktioniert

Die sind aktiv und kreativ, die machen reichlich Action
die spielen Gitarre in 'ner Band und singen:

I can't get no satisfaction
Die dreschen auf die Trommeln, daß es nur so kracht
und wenn ein Spießer kommt und meint
das wär' nichts für Mädchen
dann wird nur laut gelacht!

Das fängt doch schon an
mit diesen anerzogenen Rollen
daß kleine Mädchen nicht im Dreck spielen
und sich nicht hauen
und kleine Jungs nicht heulen sollen
wir schmeißen diese Unterschiede einfach über Bord
bis auf den, daß die Jungs
ein U-Boot in der Hose haben
und die Ladies einen Fjord...!

Felix

Fred Astair ist gegen sie doch nun wirklich kein Genie
sie tanzt erheblich origineller
zu einer immer wieder gern gehörten Charlestonmelodie
steppt sie wilder und schneller
sie ist im Zirkus Sarison die große Attraktion
Alice Wonder ist ihr Künstlername –
doch dann fällt das Kleid und in Wirklichkeit
heißt sie Felix und ist gar keine Dame!

Er ist ein Liliputaner, ein Superartist
er schluckt ein Schwert
das doppelt so lang wie er selber ist

Alles unter Kontrolle

er macht ’n Kopfstand auf einem galoppierenden Gaul
er verschlingt das Feuer
doch verbrennt sich dabei nie das Maul
er gibt dem Löwen Leo einen Zungenkuß
er macht mit Elli Pyrelli einen Showkoitus
er macht Fez am Trapez, er erzählt einen Gag
und die Leute lachen sich halbweg. . .

Dann ist die Vorstellung zu Ende
dann geht er nach Haus
er wohnt allein in seinem Caravan
er zieht sich das goldene Trikot aus
und schießt sich schöne Träume in den Arm
er denkt an Jenny, süße Jenny, die Seiltänzerin
der er vor Jahren einen Heiratsantrag machte
er hat sie sehr geliebt
sie sollte zu ihm in den Wohnwagen ziehen
doch sie empfand das nur als Witz und lachte. . .
und am nächsten Morgen finden sie ihn
totgefixt mit Heroin
und am Abend läuft das Programm
ohne den kleinen Mann
the Show goes on, the Show must go on
auch ohne ihn . . .!

Candy Jane

Ich hab' jeden Film von dir gesehen, Candy Jane
du auf'm Pferd zusammen mit John Wayne
lila Lippen und die Haare blond
gefährliche Action mit Mr. James Bond
oder ganz cool in Hollywood am Swimming Pool

Ich hab' jeden Streifen von dir gesehen, Candy Jane
und ich konnte dich immer so gut verstehen, Candy Jane
doch mußte das sein
diese Knutscherei mit'm Star oder mit'm Statist
hätt'st du doch besser, oh, hät'st du doch mich geküßt

Candy Jane, Candy Jane, Candy Jane

Dann hab' ich mir gedacht
ich flieg' jetzt mal nach New York
und dann landete ich auf dem Kennedy Airport
ich nahm mir ein Taxi zu deinem Hotel
ich war nervös und mein Herz ging schnell
und dann sah ich dich da, oh Candy Jane

Du standst im Salon mit 'ner langen Zigarettenspitze
und ein Dandy in Weiß erzählte blöde Witze
ich ging auf dich zu und sag': Hallo und so. . .
Doch du sahst mich gar nicht an
und der Typ da sagt: Schreib an den Fan-Club
da gibt's 'n schönes Autogramm

Candy Jane. . .

Rock ’n’ Roll-Band

Ich bin Trommler in ’ner Rock ’n’ Roll-Kapelle
ich bin Sänger in ’ner Rock ’n’ Roll-Band
dich zu kennen, das ist groß
doch ich muß jetzt wirklich los
mit meiner Rock ’n’ Roll-Band

Mädchen, ich muß doch jetzt gehn
ich find’ das auch nicht so schön
doch du mußt das verstehn
aber Mädchen, das ist doch erregend
wir spielen bestimmt mal wieder hier in der Gegend
bis dahin hör dir uns’re Platten an
oder Deutsches Fernsehen, Viertes Programm
da sehn wir uns wieder, da sehn wir uns wieder

Ich bin Trommler in ’ner Rock ’n’ Roll-Kapelle
ich bin Sänger in ’ner Rock ’n’ Roll-Band
meine Welt, das sind Bühnen
und eingehauene Trommelfelle
fremde Betten und Straßen und heiße Lieder
und abends der Korn gegen’s Lampenfieber
und überhaupt ist mein Leben reichlich turbulent

Ich bin Trommler in ’ner Rock ’n’ Roll-Kapelle
ich bin Sänger in ’ner Rock ’n’ Roll-Band
dich zu kennen, das ist groß
doch ich muß jetzt wirklich los
mit meiner Rock ’n’ Roll-Band

Fernweh

Herm fuhr als Steward auf der ›Queen Elizabeth‹
er zeigte mir mal 'n Foto, da stand er lässig an der Reling
mit dem Silbertablett
wenn Herm einmal im Jahr nach Hause kam
in unsere kleine Heimatstadt
dann erzählte er mir, daß die weite Welt sieben wilde Meere hat

Ja, Herm war der Typ, der mir die Ansichtskarten schrieb
mal aus Rio, mal aus irgend 'ner Hawaii-Bar
und ich muß schon sagen, daß es mir die Tränen in die Augen trieb
wenn ich bedachte, daß ich nicht dabei war

Er als Seemann, er war gut dran
und außerdem war er total tätowiert
und ich war vierzehn, saß noch fest in unserem Nest
und war sehr deprimiert

(unveröffentlicht)

Tief im Süden

Tief im Süden hinter den Alpen bin ich geboren
drei Liter Enzian, ich lag auf der Alm
und dann bin ich nicht mehr wach geworden
tief im Süden, wo über den Bergen die Sonne scheint
haben sie an meinem Todestag
ganz schön viel geweint

Denn ich war nicht nur der nette Junge
der Jodelfreund von nebenan
nein, ich war ja auch noch der Meisteröler
bei der weiß-blauen National-Seilbahn
ohne mich lief die nicht
die armen Leute litten sehr
denn da konnten sie ja nun erst mal nicht mehr
auf ihre geliebten Berge rauffahrn

Und sie sagten: Schade, schade
Und sie war'n sehr deprimiert
ja, mit bayrischer Limonade
wär das alles nicht passiert

Sister King Kong

Die Bühne ist angerichtet

Wenn ich 5 Minuten vor dem Auftritt
hinter der Bühne steh'
und mir durchs kleine Loch im Vorhang
das große Publikum anseh'
wenn's dann plötzlich mulmig im Magen rumort
und der Lampenfieber-Vampir mich voll durchbohrt
wenn ich, obwohl ich sonst so easy bin, total vibrier'
und der Roadie bringt mir schnell noch 'n Beruhigungsbier

Dann wär' ich lieber einer von euch da unten
da hinten, 10. Reihe links
ich würde denken, na Popstar
woll'n wir doch mal sehn, ob du das bringst
ich würd' mich locker wie ein Rocker
in den Sessel hängen
und lauschte wie berauscht diesen Infernogesängen
das einzige Problem, das ich mir vorstellen kann
wie verkraftet meine Freundin
so 'n erotisches Programm?

Die Flasche mit dem Kicherwasser
kreist von Mann zu Mann
ja, die Jungs von der Kapelle

knallen sich tierisch an
ein letzter Blick in den Spiegel
weil man auf Schönheit nicht gern verzichtet
und dann sagt Controlletti:
Signore, die Bühne ist angerichtet!

Emanuel Flippmann und die Randale-Söhne

So fing's ja schon an im Krankenhaus
kaum zog man ihn aus der Dame raus
krakeelte er seinen ersten Rock
doch seine Mutti stand mehr auf Rudolf Schock
trotzdem hat sie ihn sehr geschätzt
Daddy auch, der kam angewetzt
mit Blumen und 'ner Flasche Gin
und schon langt das Söhnchen hin
die Hebamme sagt: Gott Sakrament
das ist uns ja wirklich ganz schön fremd
so ein Baby, so 'n ausgeflipptes
und statt an der Brust am Schnaps da nippt es
... bibabilubap

Schnuller kauen, Pofe nässen
schlabberigen Griesgrütz fressen
im Kinderwagen wurde er strapaziert
ständig haben da so Ochsenköpfe reingestiert
die haben vielleicht ein albernes Zeug geschnackt
ja, dachten die denn, er wär' total beknackt
nein, das war nicht sein Job auf Erden
drum beeilte er sich, schnell groß zu werden
... bibabilubap

Später wurde er ein Idol
Deutscher Meister im Rock 'n' Roll
Super-Groupies gab's a Gogo
daß er sie nicht enttäuschen durfte
war doch wohl logo, oder nicht? (Na klar!)
Die Bräute garantieren
mit der Pille, das sei klar
und sie beruhigten ihn
weil er doch so ängstlich war
er sagt: Wenn schon 'n Kind
dann machen wir das bewußt
und nicht mal eben so
das fände ich echt bestußt, find'st nicht auch? (Ja klar!)
Er ließ die Spermazocken rocken
und neun Monate später
lief dann doch die Horrorshow
denn er war der Täter
erschüttert fuhr er zur Nabelstation
da hörte er diese Gesänge schon
die Drillingscrew krähte im Chor
der Mutti Tutti Frutti vor
. . . bibabilubap

Aber später wurd's dann doch noch ganz nett
er gründete das Spezialquartett
und heute in Hollywood kassieren sie Monsterlöhne
Emanuel Flippmann und die Randale-Söhne

Rätselhaftes Bielefeld

Als ich neulich bei 'ner Rangelei
mit 'nem Hai ums Leben kam
und mich Poseidon
in seine Algenarme nahm
und mich runterzog auf den Meeresgrund
und durch den Grund hindurch
und noch viel tiefer
da kamen wir schließlich an so 'n rotes Tor
und dann rief er:

Mephisto, Mephisto
hier ist ein Neuer
steck ihn in den Ofen
und schmor ihn schön in deinem Höllenfeuer!

Ich sagte: Das kann nicht Ihr Ernst sein
was hab' ich denn schon gemacht
'n bißchen rumgesoffen, 'n bißchen geflucht
und wegen der Nächstenliebe
mal 'ne Dame von innen besucht
ich hatte mit der Kirche nicht viel im Sinn
ich ging nur einmal hin und dann nie mehr
doch dafür jetzt 'n Sauna-Abonnement
das find' ich nun wirklich nicht fair!

Da kratzt sich der Teufel verlegen am Horn
und meint: Genau genommen
muß 'n Typ wie du, so 'n keuscher Junge
natürlich in den Himmel kommen
das träf' sich sowiesiewieso sehr gut

weil du ja Musiker bist
denn auf Wolke 127 fehlt zur Zeit ein Posaunist

Und sehen wir uns nicht in dieser Welt
dann sehen wir uns in Bielefeld!
Dann brachten sie mich zum Fahrstuhl
und durch den Liftlautsprecher
tönte der Sound von 1000 Schalmeien
und dann traf ich Gott persönlich
er begrüßte mich sehr versöhnlich
und er lud mich auf 'n Glas Ambrosia
und 'ne frische Hostie ein
und dann nahm ich Platz auf meinem Cumulus
und man erzählte mir, wie man tröten muß
das Halleluja-Oratorium
doch auf die Dauer wurd' mir das zu dumm
immer nur Posaunenstoß
sonst war absolut nichts los
die Flatterdamen lebten sehr abstinent
geengelt werden durfte nur am ersten Advent!
es gab da überhaupt keine Action-Abteilung
und ich war von Tag zu Tag mieser gelaunt
und dann erwog ich auch bald meine Abseilung
in den Ewigen Underground

Und sehen wir uns nicht in dieser Welt
dann sehen wir uns in Bielefeld!

Und so flog ich los
Millionen Meilen
bis ich schließlich zur Venus kam
und da nahmen mich die Orgienengel
lüstern in den Arm:

Und hier bei uns in dieser Welt
ist es geiler als in Bielefeld!

Satellit City Fighter

Freddy sitzt jeden Tag am Hafen
und die Schiffe fahren vorbei
nach Rio de Janeiro und nach Hawaii
diese Abflugsatmosphäre
wie gern er doch Seemann wäre
doch der Meister von der Reederei
sagt: Für dich ist an Bord keine Koje mehr frei

Und so fährt er abends wieder zurück nach Beton City
Block 912, Wohnklo Nr. 4
und seine Illusionen verwandeln sich in Aggressionen
und um cool zu bleiben
besäuft er sich mit dem
Supermarktsonderangebotsbier
seine Eltern haben ihn hängenlassen
die Schule war 'ne Pleite
dieses langweilige Schnarch- und Gähneprogramm
kam bei ihm überhaupt nicht an
der Pauker sagt: Es wird immer fataler
dein Weg wird immer schmaler
Und da hat ihm Freddy die Fresse poliert
seine Nerven waren einfach schon zu strapaziert

Und dann haben sie ihn gefeuert, schlechte Aussicht
kriegst keinen Job auf'm Dampfer
und auch anderswo nicht
'n paar Freunde von ihm
haben zwar die Schule zu Ende gemacht
das hat ihnen aber auch keinen Job gebracht

Und nun lungert er rum mit denen
im Neue-Heimat-Ghetto
und er nennt sich »Satellit City Fighter«
und er geht, um sich die Kohlen
aus den Automaten rauszuholen
das ist immer noch besser
als Fließband-Ex-und-Hopp-Hilfsarbeiter
er prügelt sich gern und ist meistens voll
doch er merkt, auf die Dauer ist das auch nicht so toll
der große Bruch ist sowieso zu riskant
10 Jahre Knast – wär' nicht so charmant

Doch er ist kein Fuzzi, er ist kein Verlierer
und Durchhängen hat nun absolut keinen Sinn
und so packt er alle Energien, die er hat
in den Kopf und verläßt diese Abtörnstadt
es wird zwar hart, doch er weiß: Er kriegt's hin

Der Teufel ist los

Meine Freundin Romi, ich liebe sie so
'ne Love-Story wie im Kino
wenn ich sie nur seh', trommelt mein Puls 'n Samba
mir kocht das Blut, Caramba!

Es gibt nur ein Problem
das haben wir nun schon seit Jahren
der Satan ist in ihren Body eingefahren
manchmal übernehmen die Dämonen die Regie
dann gebärdet sie sich in wilder Hysterie...

Exor: Grüß Gott, ich bin der Exorzist
daß du verfluchet bist, heißt es
ich bin beauftragt im Namen
des Vaters, des Sohnes und des Heiligen Geistes

Udo: Pack dein' Rosenkranz ein
und auch das Kruzifix, Exorzist
nachher ist der Teufel zwar raus
doch was nützt es
wenn mein Baby dann über 'n Jordan ist

Wir hatten früher mal 'ne Privataudienz
bei seiner Hochmerkwürden Totaldekadenz
Ich bat ihn um Hilfe, errette mein Weib!
Und sie zeigte ihm ihren geschundenen Leib
da kriegt er nasse Augen und sagt:
Ich mach' das sonst nie
doch in diesem Fall hätt' ich Bock
auf 'ne Spezialtherapie
Er griff ihr an den Corpus,

doch sein Meßdiener sprach:
Paulchen, du weißt doch, daß ich das nicht vertrag'!

Sister King Kong

Sie sah aus wie die Schwester von King Kong
sie war 2 1/2 Zentner schwer
sie war die Meisterin im Catchen
im Leute zerquetschen
war gefährlich wie ein Grizzlybär
mit der Grazie einer Elefantin
stieg sie in den Ring
zu dieser dreisten Provokantin
und sie sagt: Ich zermalm' dich
und nicht zu knapp
bei diesem Kampf gibst du den Löffel ab!

Und überall auf dieser katastrophengeilen Welt
wurden Millionen Wecker gestellt
und morgens um 5 hingen sie vorm Fernsehbild
in der Hoffnung, heut' wird original gekillt!

Gleich kommt der Gong
Sister King Kong
doch erst noch das Banner
und der Nationalsong
Arme wie Keulen
Beine wie Säulen
selbst Ex-Weltmeister Ali
ist dein Fan
Catch as catch can

Bei diesen Gladiatorenkämpfen
kassieren sie Millionen
und da fühlte ich mich animiert
ich steh' ja sowieso auf Horrorshow
und da hab' ich erst mal hart trainiert
und die Welt stand kopf, als beim Titelfight
sie in der ersten Runde kapitulierte
als ich ihr zeigte, was Trumpf ist
und ihr locker in den Rumpf biß
und ihr geil mit dem Seil den Hals massierte!

Gleich kommt der Gong
Sister King Kong. . .

Jenny

Jenny ging noch zur Schule
doch was da passierte
nervte sie sehr
die streben da rum, die Beamten von morgen
Horror vor der Zukunft, Zeugnissorgen
gerade erst 16, doch jetzt schon keine Power mehr
selten, daß mal einer das Maul aufmacht
und dem Pauker so richtig die Meinung sagt
die Duckmäuser kriechen ihm lieber barsch
für 'ne gute Note in den . . . und Jenny denkt:

Weg, weg, abhauen, weg
ich mach 'ne Biege, ich mach 'ne Fliege
weg, weg, abhauen, weg, ich will Randale!

Jenny schloß sich ein in ihr Zimmer
sie knallt den Saphir in die Rille
und abends in der Küche
klopft der Alte seine Sprüche:
Du siehst das alles durch die falsche Brille
denk an Krise und Inflation
sonst landest du später in der Bahnhofsmission!

Und so wühlt in ihr der totale Streß
wie das Ungeheuer von Loch Ness
sie träumt von Abenteuern, von der großen weiten Welt
und dann hat sie sich an die Autobahn gestellt

Weg, weg, abhauen, weg
ich mach 'ne Biege, ich mach 'ne Fliege
weg, weg, abhauen, weg, ich will Randale!

Und dann kam sie an in München an der Isar
und sie törnte sich an
bis sie schief war wie der Turm von Pisa
und dann rannte sie rum
auf der Suche nach Sensationen
sie sagte: Oh Mann, das verschärfte Leben fängt an

Und abends ging sie in den Larry-Laden
wo die Band lärmte, für die sie so schwärmte
da traf sie 'n Typ mit der gleichen Antenne
und ausgerechnet der war Lehrer an 'ner Penne
und als sie sich dann liebten
sagte er: Jenny, weißt du, manchmal möcht' ich auch

Weg, weg, abhauen, weg
– doch flüchten hat eigentlich auch keinen Zweck
wir könnten zwar los, auf Never Come Back
doch die Schule ändern, das wär' der wahre Gag!

Meine erste Liebe

Du kannst dir echt nicht vorstell'n
wie sehr ich dich geliebt hab'
du warst die erste Frau für mich
und ich verlor fast den Verstand
ich weiß noch, als du da reinkamst
in unseren Rock 'n' Roll-Club
da ist mir auf der Stelle die Sicherung durchgebrannt...
ich hatte mich immer für 'n coolen Jungen gehalten
doch die Kinnlade klappte mir weg
und das Bierglas flog mir aus der Hand
und ich spürte sofort
daß du irgendwie wie Rauschgift warst
und ich sagte: O. k. Göttin
ich gestehe, daß ich süchtig bin!

Dann ging das los!
wir waren wie besessen
wir konnten nicht mehr schlafen
wir konnten nix mehr essen
wir waren nur noch in totalem Aufruhr
wir hingen zusammen rund um die Uhr
daß das immer so bleibt
mit Ewigkeitsgarantie

das war unsere feste Meinung,
und warst du auch nur 'ne halbe Stunde weg
kriegte ich sofort 'ne Entzugserscheinung

Und dann die ersten Pettingaktionen
auf dem Rücksitz meiner alten Karre
ich tapezierte dich mit Küssen
und war geladen wie 'ne Knarre
es war utopisch erektiv
als ich das erste Mal mit dir schlief
es tat dir zwar 'n bißchen weh
doch trotzdem haben wir die Sterne gesehn

Das Mädchen: Da war nur eine Sache
die haben wir nicht gecheckt
daß Eifersucht bescheuert ist
vor allem, wenn nichts dahintersteckt
du hattest so 'ne Angst vor andern Jungs
und ich vor andern Frau'n
und da haben wir uns in unserem Käfig
aus Liebe fast die Köpfe eingehau'n
Udo: Dann war Schluß
und ich drehte durch wie ein Idiot
ich heulte tagelang
und es war wie ein kleiner Tod...

Und jetzt treff' ich dich zufällig wieder
in der Schnöseldorfer Plastikallee
und ich merk', daß ich inzwischen
doch schon ganz schön drübersteh'
wir reden ein paar Takte
doch du hast nur noch Small-Talk drauf
und dein Modekasper

fordert dich zum Weiterschlendern auf
du bist mir unheimlich fremd
und ich bin so komisch berührt
und es ist wie Nostalgie-Kino
und der Film wird noch mal vorgeführt
es schmerzt ein bißchen, ich seh'
dein Gesicht ist vom Spießertum gezeichnet
und als Droge bist du leider
überhaupt nicht mehr geeignet!

Und deinetwegen
hätt' ich mich damals beinah umgebracht
mit den Tabletten in der Hand bin ich rumgerannt
die ganze Nacht
aber mein Mut – und das war sehr gut
hat dann doch nicht mitgemacht...

Udo on the Rocks

Der Herr von der Frigidaire AG
hatte eine sensationelle Idee:
Wir frieren Sie ein, dann sind Sie ›Udo on the Rocks‹
Sie liegen sicher und cool wie die Kohle in Fort Knox!
Heutzutage ist sowieso nicht viel los
im Moment kein Trend, es wird reichlich gepennt
Flower-Power-Hippie-Woodstock-Euphorie
finito ist die Rock 'n' Roll-Philosophie
und der Demonstrant von '68
hat sich schon lange verpißt
und Bonzen tanzen heute den Underground-Twist

Das sind die Herrn vom ander'n Stern

Ich sagte: O. k., das leuchtet mir ein
Und dann legten sie mich in das Eisbett rein
geplant war 'ne 1000jährige Ruhe
neben Walt Disney in der Tiefkühltruhe
doch schon nach läppischen 100 Jahren
hat 'ne weltweite Dürre das Projekt versaut
man brauchte jeden Liter Wasser
weil die Vorräte alle waren
und da haben sie mich wieder aufgetaut
ja, und als man mich vom Eise nahm,
war ich ›Der Spion, der aus der Kälte kam‹

Das erste, was mir nun passierte
war, daß der Kanzler mit mir telefonierte
er sagt: Die Panik-Partei schuf das perfekte Deutschland
zufriedene Fuzzies von den Alpen bis zur Waterkant
das einzige, was uns verunsichert
es wird überhaupt nicht mehr gekichert
das Leben ist sahnig, doch die Leute sind traurig
nur Lethargie, keine Action auf der Szenerie
Ich sag': Wissen Sie, die Lösung mit dem Supereffekt
aus jedem Wasserhahn fließt jederzeit der Antörnsekt

wenn die Leute dann high sind, gibt's nur noch eins zu tun
laß sie durch die Gegend gleiten auf Rock 'n' Roll-Schuhen
jede Kirche, die leer steht, funktioniere sie um
in ein orgienmäßiges Rambo-Zambo-Zentrum
Militär wird abgeschafft, das wär' ein geiles Ding
wenn Krieg ist, steigen die Staatschefs selber in den Ring
die Kohle, die der Staat schon auf diese Weise spart
die leitest du um ins Highlife-Ministerium
da sitze ich, das wär' doch sehr genehm
und arrangier' Freiflüge durchs Sonnensystem!

Rock 'n' Roll-Arena in Jena

Ich würd' so gerne bei euch mal singen
meine Freunde in der DDR
'ne Panik-Tournee, die würd's echt bringen
ich träume oft davon, wie super das doch wär'

Doch die Funktionäre sind noch unentschlossen
diese »westliche Müllkultur« sei nichts für die Genossen
wann sehen die Herren endlich mal klar
und bauen die Rock 'n' Roll-Arena in Jena?
(. . .oder bleibt die DDR
in Sachen Kulturaustausch weiterhin
die »Deutsche Desillusions Republik?«)

Panische Nächte

Mister Nobody

Morgens, so gegen dreizehn Uhr zehn
werde ich geweckt
und es wird mir 'ne Packung Speiseeis
in den Frühstücksmund gesteckt
ich freu' mich, und gähn' noch mal durch
und dann kicher' ich vor mich hin
denn in der Zeitung steht schon wieder drin
was ich für ein böser Bube bin
es ist ein Leben wie auf einem Silbertablett
von Kameras umgeben, auf dem Präsentierparkett
und ich denk' mir: Heut bleib' ich lieber im Bett...

Wenn er dann rausgeht, stolpert er über die Fans
die im Hausflur auf ihn warten
er setzt sich dazu, bemalt Arme und Beine
und verteilt seine Hochglanzkarten
und in den Kneipen haut man ihm auf die Schulter
so daß sie ihm fast bricht
doch er weiß, wie das gemeint ist
und deshalb weint er nicht

Manchmal träumt er, er wär' wie früher
ein Mister Nobody
und er streunt durch die Gegend
und hängt rum in dunklen Cafes
und wilden Séparées
keiner fragt, wer er ist, selbst wenn er dreist
der Serviererin in das Strumpfband beißt
er wär' ein Nobody, ein Mister Nobody

Er fragte sich schon bei mancher Frau
die ihm so unterkam
war es sein Name, der Ruhm, die Kohle
oder war es sein privater Charme?
Und manche große Liebe ergab sich leider nicht
denn hinter all den Postern
sahen sie nie sein echtes Gesicht

Manchmal träumt er, er wär' wie früher
ein Mister Nobody
und er streunt durch die Gegend
und hängt rum und schläft im Stadtpark
keiner fragt, wer er ist, selbst wenn er kühn
sein Lasso nach dem Mond schmeißt
um den runterzuziehn
er wär' ein Nobody, ein Mister Nobody

Er hätte sicher nicht ganz so viele Freunde
doch falsche Freunde gibt es sowieso zuviel
vielleicht nur einen, der total zu ihm hält
mit dem er die Welt auf den Kopf stellt
er wär' ein Nobody, ein Mister Nobody

Riki Masorati

An den Boxen steht Nora Nagelmann
und reckt den Hals wie 'ne Giraffe
denn Riki Masorati dröhnt vorbei
wie ein Kamikaze-Affe
gedresst in Asbest und in Angst
so daß er ins Cockpit näßt
doch volles Rohr, sonst wird das nix
mit dem hochdotierten Grand Prix
Riki Masorati mit dem Bleifuß
fährt als Formel-1-Pilot
in jeder Kurve kichert der Tod
bremst er zu spät, ist alles finito
bremst er zu früh, hat er das Rennen verloren
rauscht er gegen die Balustrade
hat er angebrannte Ohren!

So wie damals im Crashy-Hospital
da ist er wieder aufgewacht
und sie hatten ihm versehentlich
ein Auge am Hinterkopf angebracht
er war sehr geschockt und meint
was ist hier eigentlich los?
Doch Professor Dr. Abwiegel
sagte: Sehn Sie doch mal, wie praktisch das ist
da brauchen Sie nie wieder einen Rückspiegel
Und sein Gesicht hatten sie zu sehr geliftet
er hatte hinten nur noch ein Mono-Ohr
und seitdem hört er leider nicht mehr
den Stereosound
von seinem Brüllmotor

Riki Masorati mit dem Bleifuß...

Und gestern passierte es wieder
daß nach dem Rennen auf dem Nürburgring
sich ein Versuchs-Niki-Lauda-Fahrer
an einem Baum verfing –
doch der war ja nur
ein kleiner Rennrauschfamilienvater
da war man nicht so interessiert
da macht man nicht soviel Theater

Schneewittchen

Sie war siebzehn, als ich sie kennenlernte
irgendwo im Ruhrgebiet
sie war kein Greenhorn, diese süße Blasse
sie war ein Mädchen der kosmischen Klasse
ich war eine Nacht mit ihr zusammen
und ich stand in Flammen!

Sie sagte: Früher stand ich den ganzen Tag
am Flipperautomat
Discos und Kinos, das bockte nicht mehr
doch dann kam Joe, der kleine Pusher
den liebte ich total
der sagte: Hier hab' ich die Lösung
ey, probier doch mal!
– Joe hat mich längst verlassen
er ist schon lange nicht mehr hier
doch die treue kleine Schwester, die blieb bei mir

Und sie sagte: Es tut mir sorry für dich
warum fliegst du nicht auch wie ich
auf bunten Riesenflügeln
hoch über dieser nüchternen Welt?
Was glaubst du, warum ich so happy bin
das steckt alles in dieser Nadel drin
und wenn er zu hart wird, dieser Törn
kann ich jederzeit aufhör'n!

Ein Jahr später hab' ich sie wiedergesehen
und sie nannte sich Schneewittchen
ihre Augen waren wie das Bermudadreieck
sie zogen mich in die Tiefe, und ich war ganz weg
auf dem Grund sah ich den heißen Schnee
und ich wußte, sie verbrannte, und das tat mir sehr weh

Heute haben sie mir erzählt
Schneewittchen lebt nicht mehr
sie kam zu nah an die Sonne mit dem letzten Schuß
ihre Flügel schmolzen wie die von Ikarus
sie verreckte im Bahnhofsklo
als sie 'ne Überdosis nahm
die mörderische Fixe steckte noch in ihrem Arm

Und durch die Halle geht ein Mann
seriös und akkurat
er ist das Superschwein
vom Kinderkillersyndikat
und im Koffer zwei Kilo Winterlandschaft
für die tödlichen Weihnachtsfeiern
seine Weste so weiß wie Schnee
und er fährt mit dem Intershity
bis Brown-Sugar-Town
1. Klasse TEE

Der sizilianische Werwolf

Als er mit seinem ersten Mädchen im Arm
und mit Heiratsplänen nach Hause kam
nahm sein Vater ihn dezent zur Seite und sagte:
Stoß dir erst mal die Hörner ab, Junge
nach dem Motto: die Liebe ist ein Zeitvertreib
man nimmt dazu den Unterleib
und später suchst du dir dann 'ne solide Kleine
ein anständiges Mädchen, wie deine Mutter so eine
Und der Junge dachte: Na, wenn das so ist...

Und so zog er los, der sizilianische Werwolf
und er riß sich die Beute, die Hornabstoßbräute
in den Jagdgründen, die man Discotheken nennt
er zeigte vielen Mädchen seine Plattensammlung
doch eines Tages sagte er:
Schluß mit der Vergammlung!
Er suchte seine Sauberfrau
nicht so 'ne abgewetzte Ratte
die Madonna, die sein Alter ihm empfohlen hatte
und dann traf er sie, doch leider hat sie ihn geschockt
denn sie sagte: Ich hab' genau wie du
schon reichlich rumgerockt

Nach Monaten hat er ihr dann endlich verziehen
und sie flitterten los, für 'ne Woche nach Wien
und er erklärte sie zu seiner First Lady
... doch es dauerte nicht lange

Und wieder zog er los, der sizilianische Werwolf
und er riß sich die Beute, die Schnell-Service-Bräute
in den Jagdgründen, in den Büros oder so
oder irgendwo

Er trieb's mit Elsa Egal und Rita Nichtwichtig
irgendwie verstand er's gar nicht
denn er liebte seine Frau so richtig
und wenn sie weinte, sagte er:
Es ist das Tier in mir
ich kann nichts dafür!

Fliesenlied

Du sangst lange genug in der Badewanne
und dein Vibrato tropfte von den Fliesen
doch jetzt wasch es ab, das Zurückhaltefeeling
in den Abfluß mit den Komplexen, diesen miesen

Jerry Lee Lewis zündet auch kein Klavier mehr an
und die Undergroundhelden, die wüsten
jetzt sind sie zahm
und die Himbeerbubenkapellen, die sind mir zu lahm
komm, wir müssen mal wieder richtig
den Original-Orkan loslassen!

Teddi

Teddi, du bist ein heißes Kind
deine Küsse brennen heißer noch als Wüstenwind
ja, damals haben sie den Rock 'n' Roll erfunden
und du warst ein Mann der allerersten Stunden

Yeah yeah yeah yeah yeah
du weißt, ich komm' heut wieder tierisch an
oh Baby, Baby, du weißt genau
ich bin ein Mann!
get ready, ready, ready, Teddi
get ready, ready, go man go
mit Entenschwanzfrisur und Schuhen, ganz spitz
so rock 'n' rollst du los
wie ein geölter Blitz, uh, uh, uh!
Spotlight an, Begeisterungsschreie
Peter, Conny, Drafi sitzen in der ersten Reihe
Petticoats fliegen auf die Bühne
und du bist die Rock 'n' Roll-Höllenmaschine

Yeah, yeah, yeah, uh, uh, uh...

Teddi, du wirbelst los mit deinen
Schlotter-Schlacker-Gummibeinen
du gießt Öl in das Feuer, singst Schluckauflieder
der alte Funke zündet wieder

Yeah, yeah, yeah, uh, uh, uh...

Sie ist vierzig

Morgens zum Frühstück
kommt ihr Mann mit dem Spruch:
Ich hab' dich lieb, doch wo ist meine Zeitung?
Er glotzt da rein, und ihr fällt auch nichts mehr ein
dann latscht er ins Büro, und sie ist wieder allein
manchmal denkt sie, ich säge sie an
unsere Wasserleitung

Und dann bestell' ich den charmanten Installateur
bei Frau Nachbar geht der aus und ein
ja, so was las sie auch schon mal im Frauenjournal
aber weg mit solchen Ideen, und sie läßt es lieber sein

Und dann staubsaugt sie los, im Zimmer ihrer Tochter
und wieder sieht sie das Plakat von James Dean
und sie versinkt in seinen Augen
und träumt die alten Träume
sie ist jenseits von Eden, mit zitternden Knien

Sie ist vierzig, und sie fragt sich
war das nun schon alles
was für mich vorgesehen war?
Vielleicht sollte sie jeden Tag so leben
als ob's der letzte wär'
mit so einem Typ wie Jimmy
in Californien am Meer

Als sie ihren Tarzan geheiratet hat
ganz in Weiß, '58 im Mai
da sagte er: Meine Hitze wird niemals verglühen!

Doch wenn sie sich heute einmal die Woche
im Bett bemühen
dann schlafen sie nur aneinander vorbei.

Sie ist vierzig, und sie fragt sich
wie komm' ich raus aus diesem Wartesaal?
Mit tiefgefrorenen Träumen im Kühlschrank
bis der Sensemann kommt und sagt:
Na, dann woll'n wir doch mal –
vielleicht sollte sie jeden Tag so leben
als ob's der letzte wär'
mit so einem Typ wie Jimmy
in Californien am Meer

Cowboy

Ich war ein Cowboy, ein Mann wie ein Baum
ich ritt die wilden Gäule
auf die die Stars sich nicht drauftraun
ich war ein Stuntman, bei Metro-Goldwyn-Müller
ich kann Ihnen sagen, das war vielleicht
ein Spitzenknüller!

Im Wilden Westen Pferde testen
jede Menge Larry in Laramy
und Buffalo-Bill-Romantik in der Prärie

Yippy-ya-yeah-Yippy-ya-yeah-Yippy-ya-yeah

Eigentlich bin ich aus Dortmund-Aplerbeck
ich war Steiger in der Zeche »Glückrunter«
doch ich wollte hoch hinaus, und dann bin ich da weg
und so zog ich nach Hollywood
Mel Brooks war mein Regisseur
doch mein Pferd war von der Brauerei
und so kam's zum Malheur
Das dumme Ding soff öfters 'ne Tasse Bier
und hat mich trunken angestiert
und eines Tages haben wir uns vergaloppiert
in der Todeswüste

Yippy-ya-yeah. . .

Und so krochen wir im Zeitlupentempo
durch die Sierra Nevada
Mein Pferd sagt: Meine Knie
sind schon so weich wie Kaugummi
das hat doch alles keinen Zweck
ich sterbe dir zwischen den Sporen weg!
Und so mußte ich mein Pferd erschießen
es tat mir so leid, doch es mußte sein

Yippy-ya-yeah. . .

Und ich hör' das Lied vom Tod!
Und so schlepp' ich mich durch den Wüstensand
nur ab und zu ein paar Kakteen
und kein Ende abzusehen
ich will doch noch nicht sterben
da kichern doch nur die Erben!
Nein Nein neiiiiiiin!!!

Flipper

Wenn ich jetzt nicht geh', ist es bald zu spät
dann bleib' ich hier für immer kleben
ein Junge wie ich, ständig fragt der sich
ob das die stärkste Art ist zu leben
es fällt mir wirklich schwer, so schwer
dich zu verlassen
denn ich liebe dich sehr
doch jeder weitere Tag mit dir
macht ihn kaputt, den Zigeuner in mir –
ich muß doch erst noch den Amazonas runterrudern
mit 'ner wilden Dschungelbraut
und dann zum Himalaja, zum Schneemenschen Yeti
bevor der wieder auftaut
und außerdem mit meinen Rock 'n' Roll-Komplizen
immer wieder müde Menschen wecken
bevor wir dann in einer Manhattan-Bar
an unserem Durchdreh-Lebensstil verrecken

Schade, denn du wärst sie gewesen
die Frau, zu der ich mich bekenn'
mit der ich durch ein ganzes Leben renn'
es zieht mich so zu dir hin
doch ich kann's nicht akzeptieren
weil ich tief drin ein Flipper bin. . .!

Wir hatten große Pläne
doch jetzt stehst du da und weinst
es tut mir sehr weh, es tut mir sehr leid
und ich weiß, es ist hart
zu verstehn, daß ich wieder los muß

wir hatten eine viel zu starke Zeit
als ich ankam, war ich so sicher
wir sind jetzt Romeo und Julia
das lag bestimmt nicht an dir
daß es wieder nur Durchreise
und immer noch nicht der letzte Bahnhof war

Schade, denn du wärst sie gewesen
die Frau, zu der ich mich bekenn'
mit der ich durch ein ganzes Leben renn'
ich gehör' zwar zu dir, trotzdem haut das nicht hin
weil ich doch leider nur ein Flipper bin. . .!

Lindenbergs Rock Revue

Rockin' And Rollin'

Als Bill Haley sich in meine Ohren bohrte
war ich 'n Frischling, war gerade erst zehn
ich hatte keine Ahnung
und kapierte auch den Text nicht
trotzdem konnte ich Bill gut versteh'n
und zu Hause knallte dieser Sound aus dem Radio
ich trommelte mit
uh, das gefiel mir so
und dann hab' ich den kleinen Mann
im Lautsprecher gefragt
warum macht mich das so an
und da hat er mir gesagt:

Gestatten Sie, daß ich mich Ihnen vorstell'
mein Name ist Rock and Roll
Rockin' and Rollin'

Meine Väter waren die Jazzer
in den Kaschemmen in New Orleans
und meine Mütter malochten sich fast tot
in den Baumwollfeldern von Mississippi
meine Tanten hatten in Chicago

einen Honky-Tonky-Puff
und mein Onkel starb in Memphis
am Southern Comfort Suff
und meine Söhne trugen Pomade
in den Haaren
sie machten Putz und machten Schluß
mit den lahmen Jahren

Rockin' and Rollin'
Nichts macht mich kaputt
weil ich so lebendig bin!

Tutti Frutti

Ich traf ein Mädchen
die hieß Renate
hm – das war ja so 'ne Granate
ich traf ein Mädchen
die hieß Renate
hm – das war 'ne ganz schön harte
und als es dann losging
da merkte ich eins
sie war gar keins
sie hieß Karlheinz

Tutti Frutti

Ich traf 'n Jungen
der hieß Peter
hm – das war 'n ziemlich verdrehter
und außerdem
sehr extrem
ein Wasserbettvertreter
und als es dann losging
da wurde mir klar
daß Peter gar nicht Peter
sondern Petra war

Tutti Frutti

Verdammt, wir müssen raus aus dem Dreck

In dieser dunklen Malocher-City
gehn die Schatten niemals weg
und jeder sagt, es hat hier keinen Zweck
aber ich – ich seh' das anders:
Mädchen, du bist so jung und schön
hier krepier'n wir zu früh, wenn wir nicht gehn

Mein Vater kannte auch mal bessere Zeiten
doch diese Fabrik hat ihn klein gemacht
er hat sein Leben wie ein Sklave verbracht
er kannte wirklich mal bessere Zeiten
Und so wie ihm soll's mir nicht gehn
in unserem Fall muß das anders sein
es gibt nichts zu verlier'n, du wirst sehn

Verdammt, wir müssen raus aus dem Dreck
da gibt es gar nichts, wir müssen hier weg
wir müssen raus aus dem Dreck
Mädchen, es gibt ein besseres Leben
für dich und mich

Und wenn wir jetzt auch noch nicht wissen wohin
unser Leben muß ganz anders laufen
als stupide abrackern
und sich abends vor der Glotze besaufen
Meine Mutter kannte auch mal bessere Zeiten
doch dieser Törn hat sie kaputtgemacht
sie hat ihr Leben wie eine Sklavin verbracht

Verdammt, wir müssen raus aus dem Dreck

Salty Dog

Der letzte Kampf
wir gaben alles
der Sturm hat unser Schiff besiegt
und wir verlassen
unsere alte Geliebte
die im Sterben liegt

Wir sahen alle
sieben Meere
kein Land war uns zu weit
kommt hoch an Deck

geht in die Boote
es bleibt nicht mehr viel Zeit

Wie viele Jahre
und wie viele Meilen
wir haben die Ufer am Ende der Welt gesehn
weißer Strand
ein Meer wie Kristall
Inseln, die auf keiner Karte stehn
hinter dem letzten Horizont
und nach der dritten Flasche Rum
schickten wir 'ne Flaschenpost in Richtung Ewigkeit
und wir vergaßen
die Könige und die Sklaven
eine Welt voller Traurigkeit

Das Schiff versinkt
es brennt der Mast
wir rudern an den Strand
der Käpt'n schweigt
und weinende Matrosen
ziehen das Boot an Land

Das ist lange her
und ich seh' euch an
ihr denkt: Seemannsgarn – der Alte spinnt
gib mir noch 'n Salty Dog
und ich sauf' auf die alten Jungs
die mit mir gefahren sind

Ich sitze den ganzen Tag bei den Docks

Den ganzen Tag sitz' ich am Hafen
die Schiffe laufen ein und aus
den ganzen Tag sitz' ich am Hafen
hab' keinen Job und kein Zuhaus
ich sitz' den ganzen Tag bei den Docks
und alles, was ich hier machen kann
von guten Zeiten träumen
und ich guck' mir Flut und Ebbe an

Ich kam den weiten Weg von Georgia
trampte zur Frisco-Bay
in der Hoffnung, hier was aufzubau'n
doch jetzt glaub ich, ich sollte bald wieder abhau'n
nichts, was ich hier tun kann –
die Kähne gehn auf die nächste Reise
und ich häng' hier rum
verlier' meine Zeit
und das bedient mich in keinster Weise

Was soll ich machen, wenn nichts passiert?
Ich bin kaputt und deprimiert
die andern Typen hier, genauso wie ich
sie suchen Arbeit, doch die gibt es nicht

Hier hab' ich nichts gefunden
außer Einsamkeit
2000 Meilen hab' ich hinter mir
doch jetzt vertu' ich hier meine Zeit
ich sitze bei den Docks an der Bucht...

Reeperbahn

Reeperbahn
wo früher mal der große Star-Club war
und das Top-Ten mit all den wirklich starken Bands
jeden Abend war ich da
und war einer der ersten Beatles-Fans

Nach der Show ging ich mit Ringo zu den Damen
sie trugen Negligés und kauften uns Pommes frites
und Ringo brachte manchen losen Witz
aus Liverpool – very cool

Reeperbahn
wenn ich dich heute so anseh'
Kulisse für 'n Film, der nicht mehr läuft
ich sag' dir, das tut weh

Und dann die Jungs aus Buxtehude
und aus Lüneburg
die machten Freitag nacht
bis Sonntag morgen durch
sie schluckten jede Menge Schnaps und Trips
für ihre Flips von der wilden Welt

Reeperbahn
wenn ich dich heute so anseh'
die Abende sind teuer
doch es gibt keine Abenteuer

An jeder Ecke roch's nach Hafen
und nach Rock 'n' Roll
bei jedem Trödler gab's für 120 Mark

die Original-Gitarre von Cliff Richard
das war stark
und jeder Musiker erzählte seinem Groupie:
Du wirst es sehn – ich werd' ein weltberühmter Star
doch heute legt er in 'ner Disco Platten auf
und sie macht Striptease
in einer Nepper-Bar

Reeperbahn...

Süße kleine Sechzehn

Sie rocken los in Boston
in Pittsburgh Pa
und auch da unten in Texas
rund um die Frisco Bay
genauso wie in St. Louis
und in New Orleans
ist jeder Junge ganz verrückt
nach Sweet Little Sixteen

Süße kleine Sechzehn
sie weiß, was sie will
'ne halbe Million Fotos
von Elvis, Chuck und Bill
und wenn 'ne Band in die Stadt kommt
dann ist sie da
mit großen feuchten Augen
verschlingt sie ihren Star

»Oh Mammi, Mammi
bitte sieh das ein
ich will mich schminken, wie die andern auch
ich bin doch nicht mehr so klein
Oh Daddy, Daddy
bitte laß mich gehn
sag der Mammi
du hast nichts gesehen«

Süße kleine Sechzehn
sie wär' so gern 'ne Frau
mit Schaumgummibusen wie die Monroe
und dazu die Stöckelschuh-Schau
doch am nächsten Morgen
kannst du sie sehn
als süße kleine Sechzehn
in die Schule gehn

Der Boss von der Gang

Geht sie wirklich mit ihm?
Frag sie doch – da ist sie
Betty, ist das ein Ring von Jimmy
den du da am Finger hast?
Hm – mit ihm auf dem Motorrad, das muß wahnsinnig sein
Holt er dich heute nach der Schule ab?
Hm, hm! Wo hast du ihn eigentlich kennengelernt?

Ich traf ihn vor dem Supermarkt
er drehte sich um, kam auf mich zu
und sagte: Hey Baby, ich bin der Boss von der Gang!

Zu Hause wollte das keiner sehen
mit Jungs aus diesem Teil der Stadt kann man nicht gehen
er wäre ein ganz gemeiner Rockertyp
doch ich hatte ihn so lieb
meine große Liebe – der Boss von der Gang

Mein Daddy war sauer:
Mach Schluß mit Jim
und Jimmy sagte: Was sollen wir tun?
Ich sagte: Laß mich in Ruh'
verzeih – das tat weh, mein Boss von der Gang

Er war so zärtlich
vergiß mich nicht
er stieg aufs Motorrad
Tränen im Gesicht
es regnete in dieser Nacht
ich flüsterte noch:
Paß auf dich auf, Jim – gib acht

No, no, no

Ich war so hilflos, was war geschehen
warum müssen solche Träume vergehen?
Sie alle starrten mich an
ich schrie: Das habt ihr getan!

Niemals vergeß ich – den Boss von der Gang!

Sympathie für den Teufel

Erlauben Sie, daß ich mich vorstell'
ich bin ein Mann von Welt und Stil
ich gehe um seit einer Ewigkeit
raube Seelen, kenne kein Gefühl
ich war da, als Jesus voller Zweifel war
und er rief in seiner Qual
und als Pilatus sich die Hände wusch
erfüllte sich sein Schicksal

Angenehm, erraten Sie, wer ich bin?
Was sie irritiert, ist mein Handeln ohne Sinn

Ich schlich herum in St. Petersburg
an jenem Oktobertag
riß den Zar von seinem Thron
Anastasia schrie und unterlag
in vielen Kriegen war ich Panzergeneral
und machte aus der Welt ein blutiges Tal

Angenehm, erraten Sie, wer ich bin?
Was Sie irritiert, ist mein Handeln ohne Sinn

Ich lachte laut, weil die Lügner regier'n
sie schaffen Götzen, für die ganze Völker krepier'n
ich hab' gebrüllt, wer hat die Kennedys gekillt
waren es denn eigentlich nicht du und ich?

So erlauben Sie, daß ich mich vorstell'
ich bin ein Mann von Welt und Stil
für Sänger leg' ich Fallen
sie sterben in kalten Musikhallen

So wie der Frömmste fallen kann
und jeder Sünder heilig ist
nenn du mich Engel Luzifer
weil man den wahren Namen zu oft vergißt
so hab Respekt, wenn du mich triffst
mach's mit Sympathie und Verstand
und zeige mir, wie höflich du bist
oder ich hab' deine Seele in der Hand

Angenehm, erraten Sie, wer ich bin. . .

Immer noch verrückt nach all den Jahren

Ich traf sie wieder
letzte Nacht – wir haben uns sehr gefreut
zehn Jahre hatten wir uns nicht gesehn
und ich goß ihr Drinks ins Dekolleté
und wühlte wild in ihren Haaren
und sie sagte:
Du bist ja immer noch so verrückt –
immer noch crazy nach all den Jahren

Am nächsten Nachmittag
hab' ich sie besucht auf 'n Tee
ihr Mann ist der Kaffeekönig
von der Elbchaussee
doch dann bin ich mit ihren Teeny-Töchtern
so richtig abgefahren
und sie schmiß mich raus

ich wäre zu verrückt
immer noch crazy nach all den Jahren

Und wenn ich sechzig bin
bin ich zwar
ein graumelierter Rock-Opa
wenn's geht ohne Kalkwerk im Kopf
und dann spring' ich auf die Bühne
und zeig' den Jungs
wie wild die Siebziger waren
und sie sagen: Ganz schön verrückt –
immer noch crazy nach all den Jahren

Dröhnland Symphonie

Øle Pinguin

Meine letzte Expedition
führte mich zum nordischen Pol
die Bellos zogen die Schlitten
und wir fühlten uns pudelwohl
und nach 19 Tagen und Nächten
hatten wir das Ziel erreicht
plötzlich seh' ich ein Wesen
bis zum Nabel im Schnee
das da durch die Gegend schleicht

Hallo, Schnee-Indianer, wie geht's denn so?
fragte ich ihn:
Und was machen Sie, außer Löcher ins Eis haun
und 'n Fisch rausziehn?
Außer auf Eisbären reiten
und mit Hunde-PS über Gletscher gleiten?

Er sagt': Ich heiße Øle Pinguin
und ich lebe hier sehr gern
beachten Sie die Romantik
und es leuchtet der polare Stern
manchmal ist es 'n bißchen kalt

doch wenn ich frier'
dann greif' ich mir 'ne Eskimöse
und wärme mich an ihr
dann crem' ich sie ein
mit Lebertran und Walfischfett
und dann sag' ich verschmitzt:
Bist du auch so erhitzt
komm, wir schmelzen unser Gletscherbett!

Der Abschied stand ins Iglu
wir trauerten in Tiefkühl-Town
ein letztes Mal knutschte ich
die Nasen der schönen Frau'n
und den Øle fragte ich
ob er mit nach Hamburg kommen will?
Er sagte: Na klar
denn an der Alster an der Elbe, an der Bill
kann ein jeder moken, wat er will (Schön wär's!)

Und dann sah er dieses Land
und verlief sich im Kaufhaus-Meer
Lamettaland, Müll und Chemie
und die Mitternachtssonne, die fand er nie
und außerdem wär's viel zu heiß
und trotzdem viel kälter als im Eskimo-Eis
und warum, fragte er, sich im Süden, im warmen
die Leute denn so selten mal umarmen

Øle Pinguin
wollte lieber wieder nach Grönland ziehn
er winkte sich 'n Schlitten ran
bloß weg und schnell zurück!
Was ihr hier aus eurem Leben macht
das ist doch bloß Konservenglück

Wir cremen uns ein mit Lebertran
und mit Walfischfett
und dann sagen wir verschmitzt:
Bist du auch so erhitzt
komm, wir schmelzen unser Gletscherbett!

Höllenfahrt

Er steht auf der Bühne
und sie nennen ihn Rock ’n’ Roll-Raubtier
und er hat ja auch die Leopardenhose an
Was er säuft und schluckt und raucht
wieviel Bräute er verbraucht
steht in jeder Zeitung drin
und heute ist er hier

Doch er ist nur so ’ne Art Traum-Dompteur
und das Spot-Light erhitzt ihn sehr
und er gibt ihnen die Peitsche
und sie fressen ihn auf
jeden Tag ein bißchen mehr

Er brannte wie ein Feuerwerk
das glitzert und funkelt und knallt
zwischen Suff und Drogen ist er abgestürzt
er war erst 32 Jahre alt

Im Autobahn-Hotel wacht ein Typ morgens auf
und neben ihm liegt dieser schreckliche Monster-Kater
und dann geht das Telefon

und die Presse wartet schon
auf 'nen neuen Skandal
oder irgend so 'n Kommerztheater
Sie verkaufen seinen Kopf und seine Gefühle
täglich Stück für Stück
doch was nützt ihm das Konto
er fühlt sich allein
und was er gibt, kriegt er nie zurück

Er brannte wie ein Feuerwerk
das glitzert und funkelt und knallt
zwischen Suff und Drogen ist er abgestürzt
er war erst 32 Jahre alt

Lady Whisky

Sonntag nachmittag – draußen Regen
Langeweile, und es wurde immer schlimmer
während die anderen saßen und Kuchen fraßen
nebenan im Flimmerkastenzimmer
er war 16 Jahre alt
und zum Abendbrot präsentierte Köpke
zwischen Käse und Kakao
Katastrophen, Krieg und Krisen
und diese ganze blöde Welt in der Tagesschau
und er hatte genug von alledem
und er ging in die Kneipe und ballerte sich zu
und die Wirtin sagte: Na, du süßer Bengel, du?

Und er war der blaue Engel
und er goß sich einen rein
diese Welt kann doch trotzdem
so unbeschreiblich schön sein!
Und mit der hochprozentigen Braut
wurde er bekannt
die er wahnsinnig berauschend
und am nächsten Morgen zum Kotzen fand

Lady Whisky, sie hat so schöne braune Augen
– brauchst nur auszusaugen

All die Jahre hindurch, wenn er traurig war
war sie immer für ihn da
wenn die Welt so höllisch
und der Himmel verschlossen
und der liebe Gott mal wieder auf fernen Reisen war
aber auch, wenn es ihm gutging
sie war immer dabei
und gab ihm ihre nassen, scharfen Küsse
und die Sonne ging auf, und sein Kopf ging unter
und langsam ertrank er in der Alkohol-Pfütze
und dann ganz tief in der Grütze
merkte er: Die bringt mich ja um
sie hat mich belogen und betrogen!

Nein, ich bin nicht mehr dein blauer Engel
ich will mich von dir befreien
daß du mich beinah gekillt hast
das werde ich dir nie verzeihen!

Ich guck' morgens in den Spiegel
meine Augen stumpf und rot
Lady Whisky, du falsche Schlange
du sprichst vom Leben
und machst mich langsam tot

Guten Tag, ich heiße Schmidt

Seit vielen 100 Jahren gibt's ein Wesen
das heißt Schmidt
hält immer schön die Schnauze und macht alles mit
ganz egal, worum es geht
es wird ständig mitmarschiert
woher der Wind auch weht
wenn er bloß den Anschluß nicht verliert
bei jeder Mode ist er immer stramm dabei
vom ersten Tanztee-Tango bis zum letzten Disco-Schrei

Guten Tag, ich heiße Schmidt, und ich mache alles mit!

Der Große Bruder nimmt dich lächelnd
an seine starke Hand
er dreht dir Fassaden an und klaut dir den Verstand
Hätten Sie gern ein weißes Jäckchen im Travolta-Stil
oder 'ne goldene Sicherheitsnadel mit Revolutionsappeal?

Guten Tag, ich heiße Schmidt, und ich mache alles mit!
Jawoll!

Na und?!

Ich saß im Café, ich wollt 'n Text schreiben
doch mir fiel überhaupt nichts ein
und plötzlich kamst du
und sagst: Zu zweit geht es besser
Du würdest mir behilflich sein
Es machte klick, und wir verstanden uns prima
und später zogen wir durch die Gegend
es war ein wildes und tolles Klima
wir mochten uns sehr – immer mehr
und dann sagtest du:
Ey, irgendwie lieb ich dich sehr!
Plötzlich denk' ich: Moment mal
und da wurd' mir erst wieder klar
daß du ein Junge warst

Und jetzt war erst mal wieder alles ganz anders
ich war sehr irritiert
weil so was mir als altem Mädchen-Aufreißer
äußerst selten passiert
ich stand da wie ein Spießer
der sich Sorgen um seine Keuschheit macht
Und du sagtest:
Es geht doch hier nicht
um 'ne schnelle sexuelle Nacht
Wir wurden Freunde – immer mehr
und du erzähltest, daß es manchmal so schwer wär'
daß sich viele Schwule immer noch verstecken
auf dem Männer-Pissoir
und der Pöbel sagt: Weg damit!
Wie das damals schon bei den Nazis war

Wir mochten uns sehr – immer mehr
und ich sagte: Ey, irgendwie lieb' ich dich sehr
Plötzlich denk' ich: Moment mal
und da wurd' mir erst wieder klar
daß du ein Junge warst. . . Na und?!

Bett-män

Gestatten, Dr. Lindbergh, ich präsentier' Ihnen
den Prototyp eines Vogelmenschen
die fliegen ohne Flugmaschinen
Es hat sich gelohnt, nach 20 Jahren
jeden Abend nach der Praxis, ganz spät
stieg ich runter in mein Keller-Labor
Und hier das Resultat meiner Genialität!

Ich sah es nicht mehr ein, daß nur im Kino
und in Comic-Magazinen
die Supermänner locker losflattern
ganz ohne Propeller und Turbinen
Betrachtet man die Sache praktisch
ist so ein Typ, wie ich glaube
in vielerlei Hinsicht einzusetzen
zum Beispiel auch als Brieftaube

Und so baute ich den Bett-män
ich montierte ihm die Flügel dran
dann war er fertig, mein Fliegemann
Doch als er dann in den Lüften hing
sagte dieses dumme Ding:

Ich will nicht fliegen!
ich will lieber in der Pofe liegen
und wenn's geht, mit 'ner tollen Astronautin...

Gestatten, Dr. Lindbergh, ich präsentier' Ihnen
den Prototyp eines Vogelmenschen
die fliegen ohne Flugmaschinen
Na ja, ich wußte doch vorher auch nicht
daß der das alles mißversteht
und anstatt als Wolken-Tarzan rumzudüsen
lieber mit 'ner Mieze ins Bettchen geht

Bett-män, ich montierte ihm die Flügel dran
dann war er fertig, mein Fliegemann
Doch als er dann in den Lüften hing
sagte dieses dumme Ding:
Ich will nicht fliegen!
ich will viel lieber im Bett liegen
und wenn's geht, mit 'ner tollen Astronautin...

Bett-män, ich montierte die Flügel dran
dann war er fertig, mein Fliegemann
Doch als dann dieses dumme Ding
ratlos in der Zirkus-Kuppel hing:
Ich will nicht fliegen!
ich will viel lieber in der Pofe liegen
und wenn's geht, mit 'ner Stewardeß
oder was sie da so haben
ich will nicht fliegen!
Ich seh' das gar nich' ein
ihr habt ja wohl 'ne Macke...

Udo auf der Autostrada

Angelika

Baby, willst du meine goldenen Schallplatten putzen
und willst du ihn mal fahr'n, meinen Chevrolet?
Baby, willst du mein Autotelefon benutzen
und deiner Mutti sagen: Es ist alles okay
oder findest du solche Sprüche auch ziemlich idiotisch
und wenig erotisch?
Mick Jagger, Alfred Dregger, Rod Steward, James Hunt
nur große Namen sind interessant für:

Angelika aus Winsen an der Luhe
die läßt nämlich keinen Star in Ruhe
und Bodo, der Roadie, sagt:
Ey, wenn du nur eine Nacht bei mir wohnst
dann mach' ich dich bekannt mit all den Beatles,
den Bee Gees und den Stones

Bei jedem Konzert sieht man dieses wilde Kind
und dann zeigt sie den Stars
wo die erogenen Zonen sind
und dann nach der Schau
besteigt diese Frau den Band-Bus
mit losem Reizverschluß
dann geht alles sehr schnell im Hotel
sie schiebt sich unter ihren Traum
der besoffen ist und stumm
und küßt den Sternenstaub
von seiner schwitzigen Haut
und denkt, sie umarmt das Universum

Angelika aus Winsen an der Luhe
die läßt nämlich keinen Star in Ruhe
den unbekannten Jungen, der neben ihr steht
den übersieht sie voller Hohn
sie macht es nicht unter einem Beatle
einem Bee Gee oder Stone

Bis ans Ende der Welt

Wenn du mich so ansiehst
fällt mir nichts mehr ein
wenn du willst, dann nimm mich
es kann für immer sein
ich geb' dir alles, was ich bin
das ist mein Versprechen
jeder Tag ohne dich ein Verbrechen

Ich liebe hohe Spannung
und stehe meistens unter Strom
und die Hochzeit feiern wir
in Panik-Manier im Petersdom
und meinetwegen 13 Kinder
alle total verrückt
oh, Babe, Babe, nimm mich in deine Arme
oh, Kleine, ich bin absolut verzückt

Nur zu dir fallen mir solche schönen Träume ein
ich will jede Sekunde nur noch mit dir zusammen sein
bis ans Ende der Welt, wenn es das gibt
halt mich fest, mir wird schwindlig
ich bin so sehr verliebt

Der Detektiv

Der amerikanische Traum

»Hello, here speaks Franz Josef Mayr from New York
we want to have a big party
and we want the Udo here, the German music«
Neulich rief ein Mr. Mayr aus New York an
ob er den Udo mal engagieren kann
denn die hätten da, wie jedes Jahr
einen Heimatball à la Bavaria
außerdem gäb's 1 000 Dollar
ich sag': Okay, ich bin Ihr Mann!
Und so flogen wir nach Manhattan, Deutsche Kolonie
so geweint haben die noch nie
denn sie brach zusammen, ihre heile Welt
sie drehten voll durch in ihrem Bayernzelt
denn da hatten sie doch leider den falschen Udo bestellt:
Sie wollten Udo Jürgens
Nein, sie wollten keine Panik, und sie wollten keinen Punk
und sie fraßen Leberknödel den ganzen Tag lang
und dann wollten sie schon schmeißen mit 'ner Maß Bier
ich sag': Avanti, Galoppi

nix wie weg hier
es gibt auch andere Möglichkeiten in USA
unbegrenzte sogar

Und dann rockten und rollten wir los
in »Max's Kansas City«
im »Bottom-Line« und im »CBGB's«
und die Amis flippten aus
und sie sagten: Sehr extrem
so was Rausgeröntges haben wir ja noch nie gesehen
und dann im Madison Square Garden
hatten sie nicht genug Eintrittskarten

Und wir brachten unsere Panik
und wir peitschten unseren Punk
und wir heizten von Küste zu Küste, monatelang
ja, wir waren in Chicago und in Miami
Los Angeles und Boston und Washington DC
doch trotzdem haben wir nicht viel gesehen
auf der Tour, immer nur
Highways, Airports, Football-Stadien
1 000 Motels und Cheeseburger-Imbiß

Wir brachten unsere Panik
und wir peitschten unseren Punk
doch die Show-Business-Maschine, sie machte mich krank
Und eines schönen Morgens
als der Manager noch schlief
da machte ich mich auf die Socken
wie ein Detektiv
denn ich wollte einfach wissen:
Was ist denn genau los mit Amerika
was ist denn hier Hollywood
und was ist wirklich wahr?

Und so fuhr ich mit 'nem Chevy
durch die Staaten kreuz und quer
auf der Suche nach dem Amerikanischen Traum
oder gibt's den gar nicht mehr?

Von New Orleans nach Alaska
über 'n ganzen Kontinent
spielte Black Jack in Las Vegas
fuhr Karussell in Disney Land
hoch in die Rocky Mountains . . .

New York

New York, du bist Wahnsinn
manchmal lieb' ich dich
manchmal haß ich dich
Irrenhaus, Lustmaschine, Brandruine
du reckst deinen Schizokopf in die Wolken rein
doch unterm weißen Smoking
bist du dreckig wie ein Schwein

Ist 'n geiles Gefühl, wenn ich deine rote Sonne
über'm Hudson seh'
Leben aus dem vollen
wenn ich am Broadway steh'
du bist Sehnsucht und Utopia
Paradies und Untergang
schön wie 'n Brillant von Tiffany
und unheilbar krank

... und ich kauf' mir 'n Paar Flügel
und flieg' die Skyline entlang

New York, ich streun' so gerne
durch deine tiefen Straßenschluchten
ich seh' Superstars, die löffeln Kaviar
und saufen Champagner im »Waldorf Astoria«
doch ein paar Blocks um die Ecke
und schon siehst du die Endstation
ein Negerkind verhungert in Harlem ...

Es reicht gerade noch zum Überleben

Ein Junge wird geboren im Ghetto
ihr zehntes Kind, und die Mutter weint sehr
der Vater macht nur 100 Dollar netto
wie's weitergeht, manchmal weiß er's nicht mehr
es reicht gerade noch so eben zum Überleben

So wächst er auf, gehetzt, gejagt, getreten
und als er zehn ist, kennt er sich aus
weiß, wie man Autos knackt und Automaten
da holt er sich das Nötigste raus
ja es reicht immer nur so eben zum Überleben

Sie bolzen rum mit Konservendosen
sie hoffen alle, daß eins passiert
daß sie mal große Fußballstars werden
und daß der Ruhm sie aus dem Elend rauskatapultiert
oder Boxerking wie Ali
oder Sänger wie Stevie Wonder

Solche Träume halten nicht lange
vor'm Arbeitsamt 'ne riesige Schlange
sie laden die Knarre im feuchten Keller
und nachts gehn sie klauen
doch der Bulle schießt schneller –
Jetzt reicht es nicht mal mehr zum Überleben

Born to be wild

Hallo Mädchen, hör mal zu
morgen früh so gegen vier
komm' ich, um dich abzuholen
warte an der Hintertür
schreib noch einen Abschiedsbrief
kleb ihn an den Küchenschrank:
Liebe Eltern, 1 000 Dank
doch eure Welt, die macht mich krank.

Wir fahren durch die leeren Straßen
weit raus auf die Autobahn
wo die zu Ende ist, fängt unser Horizont an!
Und dann werden sie uns suchen
doch sie finden uns nie
und die Spießer fluchen:
Das ist Anarchie!

Born to be wild
Born to be wild, yeah

Sieh dir doch die Typen an
Baby, ich hab's kapiert
Moskau, Bonn und Pentagon
sie labern rum und nix passiert
soll'n sie doch ihre Paläste schließen
und alle Waffen ins Weltall schießen
doch sie klopfen nur falsche Sprüche
und machen den Planeten kaputt

Doch wir, wir sind ganz schön viele
und wir werden immer mehr
und für unsern Sieg
brauchen wir keinen Krieg, no!

Born to be wild
Born to be wild, yeah

Wir heizen durch die leeren Straßen
weit raus auf die Autobahn
und wo die zu Ende ist, fängt unser Horizont an!

Born to be wild
born to be wild, yeah

Und die Spießer werden fluchen
weil du für sie bist:
Affe, Sympathisant und Kommunist
und die Spießer werden fluchen
weil du für sie bist:
Anarchist, Asozialer, Radikaler und Kriminaler

Born to be wild
born to be wild, yeah

Desperado

Desperado, du reitest nun schon seit Jahren
allein und verloren durch die Prärie
so hart und rastlos bist du auf der Suche
doch hier in der Einsamkeit findest du dich nie

Du treibst dein Pferd die Hügel hoch
in den Canyons hängt dein Echo
was du suchst, das weißt nur du allein
das nächste Tal kann noch grüner sein
und dahinter glänzt Gold im Sonnenschein
vielleicht ist das endlich dein »El Dorado«

Desperado, du belügst dich und du wirst nicht jünger
Schmerzen und Hunger brechen dich bald
und Freiheit, Freiheit
so nennen's die anderen
doch für dich wird's zum Gefängnis
darin wirst du schwach und alt

Ist es nicht zu kalt in der Winterzeit
die Luft voll Schnee, und die Sonne so weit
du weißt nicht, ob es Tag ist oder Nacht
In dunklen Höhlen sitzt du dann
und lehnst dich an deine Träume an
es gab mal Zeiten, da hast du auch gelacht

Desperado, merkst du nicht
daß es hier draußen
keine Spur Hoffnung mehr für dich gibt?
Du reitest nun schon seit Jahren
an deinem Abgrund entlang

gib deinem Pferd die Sporen
denn noch bist du nicht verloren
zu Hause wartet schon lange jemand
der dich sehr liebt

Ich steh ja so auf Disco

Ich steh' ja so auf Disco
von Freudenstadt bis San Francisco, ja!
Miezen: Er steht ja so auf Disco
von Freudenstadt bis San Francisco!

Samstag mittag, kleine Probe vor dem Spiegel
nehm' ich die locker-lose Bundfaltenhose
oder die aus Satin, ganz eng?
Und dann drapier' ich mir die schnelle Dauerwelle
die von Dr. Bügel
und dann fehlt mir nur noch der Ibiza-Glitzer-Teint
oh, das find' ich sooo gut
ich steh' ja so auf Disco
von Ramelsloh bis San Francisco, yeah!

So wie ich ausseh', gibt's natürlich keine Probleme
der Controlleur sagt: Sir, bitte treten Sie ein
Ich geh' lässig an die Bar
wo ich einen Drink zu mir nehme
'ne Schale Sekto de la Schmekto
es muß vom Feinsten sein
und darin steh' ich da
und das Laserlicht beamt in mein Edelgesicht

ich mag mich selber gern sehn
stundenlang vor der Chromwand stehn
und dann tanz' ich, soweit die Plateaus mich tragen
ich bin 'ne ganz heiße Nummer
da gibt es absolut keine Fragen, no!
Miezen: Er steht ja so auf Disco
von Ramelsloh bis San Francisco!

Und plötzlich seh' ich diese gestrapste Katze
lecker schwarz gelackt
und darunter splitterzwitterfasernackt
ich sag': Ich hätte dich heute so gern auf meiner Matratze
Sie sagt: Kennst du noch den alten Song im 4/4-Takt
Onanie Onana
Life goes on, yeah

Und nachts um vier im Morgengrauen
geh' ich nach Haus
und wieder nix mit Frauen
aber trotzdem war's mal wieder ganz schön
doch nächsten Samstag klappt's bestimmt
dann reiß ich mir so'n Glitzerkind
ich krieg' ja jetzt schon 'nen Hammer
und dann heb' ich wieder ab auf Fräulein Donna Summer

Ich bin ein Fan von Boney M. und von Amanda:
Vielleicht ham Sie auch mal 'nen Mann da!
Amanda Lear, ich bin so wild wie ein Tier
oh yeah, ich steh ja so auf Disco
das halt' ich überhaupt nicht aus
wie toll das alles ist
unglaublich... das fetzt, das ätzt...

Baltimore

Überall im Zentrum der reichen alten Stadt
drängen sich die Möwen, halberfroren und matt
denn auf dem Meer sind Stürme
und das bringt große Not
in der City gibt's kein Futter
hier finden sie den Tod

Eine Nutte wartet auf das letzte Rendezvous
und ein Penner deckt sich mit Plastiktüten zu
die Leute, die du ansiehst, gucken weg und drehn sich um
jeder spürt, die City stirbt
und keiner weiß genau, warum...

Oh, Baltimore, dein Ende ist in Sicht
oh, Baltimore, ein paar Jahre noch
länger geb' ich dir nicht

Meine Schwester Sandy und mein kleiner Bruder Gregg
ich kauf' ein altes Auto, das bringt uns ganz weit weg
in die höchsten Berge und in das weite Land
da bleiben wir für immer
komm, nimm meine Hand

Oh, Baltimore, dein Ende ist in Sicht
oh, Baltimore, ein paar Jahre noch
mehr geb' ich dir nicht

Oh, Baltimore, du wirst untergehn wie ein großes Schiff
oh, Baltimore, du gehst unter
doch mich ziehst du nicht mit runter

Baltimore, in deinem Schutt erstick' ich nicht...

Die kleine Stadt

Die kleine Stadt, die liegt so weit zurück
sie war der Mittelpunkt der Welt
unsere enge Straße war
breit, wie der Hollywood-Boulevard
und in der Kirche wohnte der liebe Gott
da war er noch nicht tot
da hat er sich noch um alles gekümmert. . .

Und Mutter hing die Wäsche auf
im schmutzigen Wind hinter der Fabrik
und es gab auch ein Kino
und ich war sehr interessiert
was hinter der Leinwand passiert
ob es das alles wirklich gibt
und ich war in Brigitte Bardot verliebt
und stand stundenlang vor dem Schaukasten und träumte. . .

Eine Sache war für mich schon damals völlig klar
wenn ich später groß bin, fahr' ich nach Amerika
bestimmt warten die da schon
auf meines Vaters attraktiven Sohn
und dann werd' ich was Berühmtes
und zu Hause hör'n sie alle davon!

In der kleinen Stadt, wenn ich da heute mal hinkomm'
dann stell' ich fest
das gleiche miefige Nest
immer noch so kleinkariert
ist wirklich nicht viel passiert
und du siehst 'n paar andere kleine Jungs
an der Ecke stehn

und die bleiben auch nicht lange
so wie die aussehn

Eine Sache ist für die jetzt schon völlig klar:
Wenn ich groß bin, fahr' ich nach Amerika
bestimmt warten die da schon
auf meines Vaters attraktiven Sohn
und dann werd' ich was Berühmtes
und zu Hause hör'n sie alle davon!

Kentucky-Mädchen

Ich wollte runter nach New Orleans
und der Tank war leer
in dem Kaff gab's leider kein Benzin
und die Luft war schwül und schwer
und so ging ich in den Dorfsalon
und da sah ich dieses Zauberhuhn
und sie sagte: Maybe . . . Baby –
und es gäb' noch was zu tun

Oh bitte, führe mich nicht in Versuchung
flehte sie mich an:
Erlöse mich von dem Bösen
Ich sag': Das ist genau das, was ich nicht kann

Kentucky-Mädchen, du hast im Tabakfeld gewohnt
du rolltest dir ein paar Blätter
und dann warst du stoned
wie Mr. Armstrong auf dem Mond. . .
oh, oh, all Systems go!

Danach schliefen wir ein in der feuchten Nacht
und morgens wollt' ich los auf die schnelle
doch sie hielt mich fest mit ihren Tabakpflückfingern
an meiner empfindlichsten Stelle
und dann blieb ich da
und die Oma sagte: Gut, daß du kein Nigger bist
denn sonst lyncht dich sofort der Ku-Klux-Klan
und man meldet dich als vermißt

Mensch, ich sag' dir, unten im Süden
sind die Bräuche ganz schön streng
der Mississippi ist breit, und das Gras ist blau
und viele Köpfe sind alt und eng

Kentucky-Mädchen, du hast im Tabakfeld gewohnt
du rolltest dir ein paar Blätter
und dann warst du stoned
wie Mr. Armstrong auf dem Mond
oh, Mädchen, wer holt dich denn da mal raus?
Der Greyhound kommt nur einmal die Woche
und fährt sofort weiter
denn nie steigt einer aus

Kentucky-Mädchen, du hast im Tabakfeld gewohnt
du rolltest dir ein paar Blätter
und dann warst du stoned
wie Mr. Armstrong auf dem Mond
oh, Mädchen, ich denke oft an dich
irgendwann komm ich wieder
denn du bist die größte
Zaubermaus für mich, oh yeah

Good bye, Norma Jean

Good bye, Norma Jean
ich habe dich nie gekannt
als du gegangen bist
da war ich noch ein Kind
und jetzt frag' ich den Pförtner vom Filmatelier
ob er mir sagen kann
wo ich deine Spuren find'

Oh, Norma Jean, du hast gelebt
wie eine Kerze im rauhen Wind
deine zarte Haut verbrannte im heißen Studiolicht
du warst zu schwach für den Sturm
der auf den Hollywood-Bergen weht
ich hätte dich gerettet
doch ich kam viel zu spät

Die Reklamelettern hoch oben über der Filmstadt
haben schon viele erschlagen
die stärker war'n als du
Ach, du hättest aus Stahl sein sollen
doch du warst nur aus Fleisch und Blut
selbst im Tod ließen sie dir keine Ruh

Und weiter wurdest du gejagt
von den geilen Pressehunden
und die Schlagzeile war:
Man hat dich nackt gefunden
Ja, du warst zu schwach für den Sturm
der auf den Hollywood-Bergen weht
ich hätte dich gerettet
doch ich kam leider viel zu spät

Good bye, Norma Jean
ich habe dich oft gesehn
vielleicht erinnerst du dich
ich saß in Reihe zehn
der Junge mit den Pickeln
für den du immer noch viel mehr bist
als irgendein Sex-Objekt
das man einmal benutzt und vergißt

Oh, Norma Jean, du hast gelebt
wie eine Kerze im rauhen Wind
deine zarte Haut verbrannte im heißen Studiolicht
du warst zu schwach für den Orkan
der auf den Hollywood-Bergen weht
ich hätte dich gerettet
doch ich kam viel zu spät

So gern hätt' ich dich gerettet
doch ich kam viel zu spät
(Good bye, Marilyn)

Panische Zeiten

Die Heizer kommen

Wir sind Rock 'n' Roll-Zigeuner
ein Zuhause haben wir nicht
wir sind so Easy Rider und Rumstreuner
stehn auf Heavy Rock-Schwergewicht
Jeden Tag 'ne andre Stadt
der Bandbus setzt sich in Bewegung
ob die Kripo da wohl wieder 'n Haftbefehl hat
wegen Erregung öffentlicher Erregung?

Wenn die Heizer kommen und total aufdrehn
als ob sie nicht von dieser Welt wär'n
und es den Müttern mal wieder nicht gelungen ist
ihre Süßen einzusperren
wenn die Heizer kommen und rocken und rollen
bis zur vollen Hysterie
dann laden wir euch neue Power in die Batterie

Baby, heute sind wir wieder in eurer City
als wir uns hier zum ersten Mal trafen
sagt' ich: Nein, nein und nochmals –
ja man kann ja mal drüber schlafen
Heute bringst du einen Freund mit

ich find' den Spitze, und das merkste
du findst das komisch, na und?
Bi ist sowieso das Stärkste

Wenn die Heizer kommen und total aufdrehn
als ob sie nicht von dieser Welt wär'n
und es den Müttern mal wieder nicht gelungen ist
ihre Süßen einzusperren
wenn die Heizer kommen und rocken und rollen
bis zur vollen Hysterie
dann laden wir euch neue Power in die Batterie

In welcher Stadt sind wir heute?
Weiß nicht, ist auch völlig egal
Hauptsache, es gibt hier 'ne Bühne
und 'n knallvollen Randale-Saal
wir sind Rock 'n' Roll-Zigeuner
wenn du 'n Gypsy ohne Heimat bist
bist du immer da zu Hause
da, wo grad der Larry los ist

Katze

Mädchen, du bist eine Katze
das find' ich so gut an dir
schmusige, süße Mieze
und auch wild ein Raubtier
doch manchmal gibt es Situationen
da mußt du härter sein

wenn dein Alter dir seine Sprüche geigt
und immer sagt, du wärst noch viel zu klein
sag ihm 'n schönen Gruß und so
er soll sich besser auskotzen auf'm Klo

Mädchen, ist das nicht tierisch
alle Menschen sind wie Katzen
viele sind alberne Plüschfiguren
auf den Leisetretertatzen
doch wir sind anders und passen nicht
in die Spielzeugabteilung und nicht in den Zoo
wir sind die Freunde des Dschungels
und unser Song geht so:

Wir sind die Tiger und eins ist klar
Käfige sind zum Ausbrechen da
das ist mein Leben, und ich mach' was ich will
das ist mein Kopf, und ich denk' was ich will
ich bin ein Tiger, zähmen könnt ihr mich nicht
jeder der das versucht
kriegt die Pranke voll ins Gesicht!

Auf heißer Spur

Der Detektiv, der niemals schlief
rund um die Uhr auf heißer Spur
sein Leben war Risiko und Gefahr
doch er mußte immer wissen
was Sache war

Er war berühmt, berüchtigt
bei den Gangstern in jedem Land
sein Name war Carl Coolman
seine Waffe sein scharfer Verstand
er streifte durch den Dschungel
er kannte kein Pardon
Chicago, Bonn und Washington
das Verbrechen hat immer Saison

Raketen-Rocker

Larry wuchs auf in einer Welt
die kalt war, kalt wie Eis
sich bedröhnen oder erfrieren
es ist schwer, wenn man jung ist und wild und heiß
abgetörnte Durchhängerei
zwischen Plastik-Fabriken und Horror-Beton
wo Computer regieren, alles durchprogrammieren
vom ersten Schrei bis zum letzten Gong

Doch dann kamen Astronauten
mit 'nem neuen Fliegeplan
Das geht ab wie 'ne Rakete
komm, wir schalten die Triebwerke an
und der Countdown läuft: 3–2–1 Feuer!

1984 – brauchst nicht mehr lange zu warten
dann sind wir alle nur noch Löcher
in ihren lächerlichen Lochkarten

dann sind wir alle numerierte Affen
mit denen können sie alles machen
doch das werden wir jetzt verhindern
sie kriegen die Kante, bis sie lachen

Wir sind alle Astronauten
wir heben ab, wir sind jetzt dran
das geht ab wie 'ne Rakete
komm, wir schalten die Triebwerke an
und der Countdown läuft...

Wir sind alle Astronauten
wie damals auf Cap Kennedy
Raketen-Rocker, volle Power
wir haben keine Zeit mehr für Utopie
wir heben ab in eine Zukunft, wie wir sie wollen
okay, ihr Big Brothers und Controllettis...

Jamaika

Er war ein Seemann
und schon seit vielen Jahren
auf allen sieben Meeren rumgefahren
jetzt auf der Heimfahrt
erschien ihm die Zeit
wieder länger als 'ne Ewigkeit
Seine Sehnsucht war gigantisch
und die See war rauh
zu Hause wird ein Mädchen
allmählich zur Frau

er fragt sich, wieviel Jahre
das jetzt wohl schon sind
damals war sie noch ein Kind

Zu Hause in der kleinen norwegischen Stadt
wo sie ihn irgendwie total verzaubert hat
wo er ihr Stories erzählt hat von Japan und Alaska
wo sie ihn fragte, was auf Jamaika los ist
wo er ihr versprechen mußte
daß er sie mitnimmt, wenn sie groß ist. . .
Er verstand nicht, wie das kam
plötzlich merkt er, er liebt sie sehr
und auch später wieder auf See
verließ ihn das Gefühl nicht mehr

Es war immer wieder das gleiche
er war jedes Jahr einmal da
als sie 13, 14, 15 war
Sie wurde größer und seine Liebe wuchs immer mehr
und jede Fahrt fiel ihm schwerer

Aber, Mädchen
heut komm ich endlich wieder zu dir zurück
ich hab' dich so vermißt, ich wurde fast verrückt
ich lös' jetzt mein Versprechen ein
und nehm dich mit auf den großen Trip für immer
Wir fahren nach Jamaika, nach Kingston-Town
wir werden uns da ein scharfes Leben aufbaun
ich lern' ein Instrument
und spiele in 'ner Reggae-Band
ich werde Sänger in einer Reggae-Band
ich werd'n Star
und du mein Plattenproduzent

wir finden schon irgend ’n Job
Nur zur See fahrn will ich nicht mehr
ich will nie mehr alleine an der Reling stehn
ich will jetzt keinen Schritt mehr ohne dich gehn
und wenn es uns da nicht mehr gefällt
als Seemann kenn ich die Welt
die Welt ist groß, ist schwer was los. . .

Heut komm ich endlich wieder zu dir zurück
ich hab dich so vermißt, ich wurde fast verrückt
ich löse jetzt mein Versprechen ein
und nehm dich mit auf den großen Trip für immer
Wir fahren nach Jamaika, nach Kingston-Town
wir werden uns da ein scharfes Leben aufbaun
du lernst ein Instrument
und spielst in einer Reggae-Band
da haben doch Mädchen nicht weniger Talent!

Du spielst Gitarre in einer Reggae-Band
du wirst ein Star
und ich dein Plattenproduzent

Leinwand

Du warst nur eine Leinwand
traurig, daß ich das sagen muß
nun ist der Film zu Ende
mitten in der Story ist plötzlich Schluß
ich bedauere sehr, der Projektor geht nicht mehr

Du warst nur eine Leinwand
für meine großen Phantasien
nun ist der Film gerissen
und ich werde weiterziehen
wieder allein mit meinen radikalen Träumen

Wir haben uns leider nur selten gesehen
richtig kennengelernt hab' ich dich nie
ich hab' mir da was zusammengesponnen
in Panik-Color und Gigantophonie

Wenn's auch schwerfällt
ich seh's jetzt ein
obwohl du der Typ bist, der mich umhaut wie noch nie
mein Superstar kannst du leider nur sein
in meinem Wunschkino unter meiner Phantastenregie
ich bedauere sehr
dieses Hollywood funktioniert nicht mehr

Wir haben uns leider nur selten gesehn
richtig kennengelernt hab' ich dich nie
ich hab' mir da was zusammengesponnen
in Panik-Color und Gigantophonie
so was passiert
ich hab' diesen ganzen Wahnsinn
auf dich draufprojiziert

Du bist keine Leinwand
ich muß mich korrigieren
bitte verzeih
Es gibt nur Sterne im Weltall
aus irgend 'nem blöden Grund
rasen sie aneinander vorbei

Du warst wie ein Erdbeben

Sie spielte Baß in 'ner Mädchenband
sie kam aus Manchester
ich traf sie in Tokio
ich war da mit dem Japanik-Orchester
sie war wie das stärkste Erdbeben
das man nicht registrieren kann
ich versank in ihrer Lava
sie schoß über wie ein Vulkan

Deine Küsse waren wie Feuer
kosmische Energie
du warst wie 'n Erdbeben
so was trifft man nur einmal im Leben!

Sie sagt: Weißt du, wo ich herkomm', weißte wo?
Aus'm Kofferraum von 'nem alten Auto
ich war 14, da sah ich im TV
die goldene Prunkprotzkutsche bei Queen's Jubilee
wir hingen voll im Dreck und die alten Rockidole
waren abgewichst und nur noch für die Kohle
wir hatten zwar nur drei Gitarrengriffe drauf
doch wir schrien unsere Wut raus und standen auf

Deine Küsse waren wie Feuer
kosmische Energie
du warst wie 'n Erdbeben
so was trifft man nur einmal im Leben!

Sie hatte rot-grüne Haare, 'n gigantisch breiten Mund
pöbelt jeden Spießer in den Grund
sie sagt: Viele Gesetze sind dazu da

daß man sich nicht an sie hält
mit Paragraphen verschnüren sie doch nur
die auseinanderbrechende alte Welt
Hinter all den Glitzerfassaden
wütet der Krebs und häuft sich der Schrott
wir haben keine Lust, auf die Erklärung zu warten
für uns ist das System jetzt schon bankrott

Deine Küsse waren wie Feuer
und sie schmeckten nach Rock'n' Roll und Rebellion

Baby, wenn ich down bin

Coolman:
Baby, wenn ich down bin
und ich fühl' mich schwach
dann machst du mich mit deiner Power
wieder stark und wach
wenn ich mal ins Schleudern komme
bist du da und hältst mich fest
du bist die eine, die mich niemals
die mich niemals hängen läßt

Oder wenn ich durchdreh'
die letzten Scheine auf'n Tresen hau
drei Tage nicht nach Hause komm'
und hab' was mit 'ner andren Frau
dann bist du wie 'ne Schwester
die auch solche Flips versteht
die dafür sorgt
daß es mit uns beiden trotzdem weitergeht

Der Detektiv, der niemals schlief

Mädchen:
Yes, we've seen the good times
and the bad times too
there where cold and windy roads to go
but each time the sun keeps shining thru
I stood by you thru thick and thin
and I'm standing by you still
cause I love you
yes, I love you – I always will

Coolman:
Baby, wenn ich down bin
und ich fühl' mich schwach
dann machst du den müden Coolman
wieder heiß und wach
laß alle Gangster dieser Welt
gegen uns agieren
solange wir zusammen sind
kann überhaupt nichts passieren

Detektiv Coolman

Der Detektiv, der niemals schlief
rund um die Uhr auf heißer Spur
sein Leben war Risiko und Gefahr
doch er mußte immer wissen
was Sache war

Es fing an mit Vietnam
Watergate, Harrisburg, Gangster-Politik

Weiße Kragen – schmutzige Geschäfte
in jedem Land, in jeder Republik

Er hatte sein ganz eigenes Bild
von Recht und von Gesetz
die Kleinen, sagt er, fängt man
die Großen gehn durchs Netz

Er kämpfte für 'ne ehrliche Welt
von der er, wie jeder, geträumt hat als Kind
nun entlarvte er die Verbrecher
die am Drücker sind

Doch es sind nicht nur die da oben
allein hätten sie nicht die Macht
es gibt zu viele hier unten
die pennen und nicht nur bei Nacht

Bei denen schläft das Gewissen
trotz Horror-Krimi überall
und deshalb kommt der Detektiv nie zur Ruhe
allein mit seinem größten ungelösten Fall

Der Detektiv, der niemals schlief
rund um die Uhr auf heißer Spur

(Hey, Detektiv, du bist nicht allein
bei diesem Auftrag steigen wir ein)

Udopia

Straßen-Fieber

So laut wie's geht, hör'n sie Punk und AC/DC
sie fühl'n sich geladen, doch wohin mit der Energie?
Wenn man dann draußen wieder mit voller Gewalt
gegen kalte Mauern knallt, kommt das Fieber
Gräber aus Stahl und Beton, in denen wir wohnen
man kann nicht leben in solchen Kältezonen
Ein bißchen Wärme holen sie sich aus Fusel und Chemie
doch das hält nicht lange und wieder spüren sie:
Fieber – in den Straßen steigt das Fieber
Fieber – auf die höchsten Temperaturen
Fieber – und der Virus greift über
Fieber – in den Straßen steigt das
Fieber – bis das Thermometer platzt
Fieber – und der Funke springt über
in den Straßen steigt das Fieber

Die Polit-Popper in Bonn, die kannste vergessen
die haben die Weisheit mit zu kleinen Löffeln gefressen
einen Lügendetektor gibt's im Bundestag nicht
der wär' auch dauernd kaputt
weil man da zu selten die Wahrheit spricht

Fieber – in den Straßen steigt das Fieber
Fieber – auf die höchsten Temperaturen
Fieber – und der Virus greift über
in den Straßen steigt das Fieber

Guck dir deine Alten an – meterdicke Mauern
um Herz und Hirn
so ein Klima törnt vielleicht Eskimos an
doch wir haben Angst, daß wir erfrieren
leere Gesichter, die Augen blind
sie lachen nur noch, wenn sie besoffen sind
Eiszeit statt Zärtlichkeit
das schafft Hitze und Gewalt
und die ist kalt, die ist kalt, die ist kalt

Fieber – in den Straßen steigt das Fieber
Fieber – und die Ärzte wissen nicht
Fieber – wie man es unter Kontrolle kriegt
Fieber – diese Krisen-Mediziner
Fieber – und was verordnen sie?
Schwere Knüppeltherapie
gegen leichte Krawallerie
Fieber – in den Straßen steigt das Fieber...

Mit dem Sakko nach Monakko

Prinzessin Caroline aus dem Fürstentum
hatte ihr süßes Näschen voll
von Edel, Adel, Schmäh und Ruhm
sie steht jetzt mehr auf Underground
und wie's der Zufall dann so wollte
traf sie einen Prolo an der deutschen Grenze
der grad 'n Zentner Shit verzollte
Es war Liebe auf den ersten Blick
und sie wußte, es gibt kein Zurück
der da oder keiner
doch wie sagen wir's bloß Fürstendaddy Rainer?
Der Prolo sagt: Caroline
das ist doch alles gar kein Problem
kauf mir 'n schönes Sakko
und dann fahrn wir nach Monakko
und 'n handgeschriebenen Lebenslauf
kriegt er außerdem:

Im Sommer '46 kam ich als Kind zur Welt
ich fiel direkt vom Himmel auf ein Doppelkornfeld
das Unglaubliche trug sich zu in der Nähe von Gronau
und als ich so um dreizehn war
stellt man fest, ich war zu schlau
mein Vater holte die Cognac-Flasche und sagt:
Mein lieber Sohn
nun baller dir mal die Birne voll
das korrigieren wir schon
die überschüssigen intellellen Zellen
die mußte dir runtersaufen
und dann wirst du was Solides, wie 'n Mafiakönig
denn als Philosoph verdienste zuwenig

Also hoch die Tassen – und dann fand ich schnell heraus
die beste Straße unserer Stadt, die führt aus ihr hinaus...
Ich wankte um die halbe Welt als lockerloser Freier
und falls Ihr Referenzen wünscht
wendet Euch an Consul Geier
wenn ich besoffen bin, hab' ich blaues Blut
und Malochen hat mir nie gelegen
Na ja, dann mach' ich jetzt mal einen auf Junior-Fürst
hätt' ich eigentlich nix dagegen
Soviel zu meiner Vergangenheit...

Als sie das lasen, rümpften Sie die Nasen
und Gracia Patricia sagte zu Rainer:
Alles, aber bitte nicht so einer!
Und wenn der ihr dann auch noch 'n Sohn macht
ich sehe schon, wie unser Thron kracht
Und darauf fiel sie in Ohnmacht
Howauchever, sie war'n dann doch so clever
und haben mich akzeptiert
Is' ja auch besser
als wenn man Carolinchen erneut frustiert
und dann wurde ich geadelt
damit keine Majestät mich tadelt
und auch Beatrice und Tante Sylvia fanden:
Ach, was für ein reizendes Paar
Mit meinen neuen Sakko nach Monakko
mit dem Sakko nach Monakko
und mit Caroline auf der Maschine
mit dem Sakko nach Monakko
zu den Monakken und den Monarchen
und auch denen von den Niederlanden
ach, wie so toll sie meine Lieder fanden
und ich wär' ja auch ganz schön auf zakko

als Erbschleicher von Monakko
Und er trägt sein neues Sakko
mit dem Sakko nach Monakko...

Gegen die Strömung

Wir waren völlig fertig
und konnten's einfach nicht glauben
und man sah, große Ereignisse werfen ihre Schatten
unter die Augen
Dann haben wir unser Blut vermischt
mit Indianerversprechen
und es war ganz klar, unsere Verschwörung
werden wir nie brechen

Und wir waren die zwei Geflippten
die durch nichts zu bremsen sind
und wir schwammen gegen die Strömung
und rannten gegen den Wind
Für sogenannte Normale
waren wir das Duo Infernale
für uns war das alles ganz lockere Action
doch für die waren das gleich Skandale

Ich sagte dir:
Ich geh mit dir durch dick und dünn
aber nicht durch Dick und Doof
bitte schmeiß nicht gleich unsere Liebe weg
wenn ich mal mit 'ner anderen poof
ich hab' dir auch nie 'ne Freiheit geklaut

und einfach irgendwas bestimmt
wer weiß, ob wir sonst immer noch
das Power-Team wären
das sich jede Freiheit rausnimmt...

Und die Leute motzen:
Da kommen die zwei Geflippten
die durch nichts zu bremsen sind
und die schwimmen gegen die Strömung
und rennen gegen den Wind

Die Spießer regen sich tierisch auf
und reden von Beklopptomanie
doch wir kichern uns eins und wissen:
Die wahren Bekloppten, das sind die!
Gegen die Strömung, gegen den Wind
laß sie doch labern, blöd wie sie sind
Gegen die Strömung, gegen den Wind
daß ich nicht lache, wir wär'n die Meister
im Sichdanebenbenehmen
diese schlaffen, gebügelten Affen
guck sie dir an, sie sollten sich was schämen
Gegen die Strömung, gegen den Wind ...

Affenstern

Herr Veigel, sonst so cool und seriös
war in der Tagesschau heut leicht nervös
er fummelte ständig an seinem Schlips
da wußte ich, die Sache ist kein Witz
Dann später auch auf Radio Luxusburg
die Crew vom Ufo gab uns folgendes durch:

Glauben Sie nicht den ganzen Quatsch
von wegen Krieg der Sterne
wir sind hier alle unheimlich lieb
ja, wir haben uns richtig gerne
nicht so bekloppt, wie ihr da unten
wo's dauernd auf die Fresse gibt
Ihr wohnt zwar nicht mehr auf den Bäumen, doch
die Affen seid ihr immer noch
statt mit Bananen schmeißt ihr jetzt mit Waffen
ihr da unten auf dem Planeten der Affen

Wir sind Piloten der Unendlichkeit
wir gleiten durch das Weltall, allzeit bereit
wir saufen Milkshakes in den Milchalleen
da muß was drin sein, danach könn'n wir nicht mehr stehn
dann legen wir uns wieder ins Schiff
und werfen die Turbinen an
und schlingern rum von Stern zu Stern
und jetzt ist eure Erde dran
weil – wir feiern bald einen Ball im All
'ne kosmische Festivität
und da suchen wir noch Pausenclowns
wie's lächerlicher nicht mehr geht

so daß wir einen Lachflash kriegen
bis unsere Antennen sich verbiegen. . .
und auf der Erde gibt's doch so was noch:

Der mit dem Schießgewehr? Ein Boß vom Militär
und da der Westernheld? Regiert die halbe Welt
die bunte Tante da? Carola Woytila
und da der Schlager-Fuzzi? Ist auch zu nichts mehr nutzi
o ja, die nehm' wir alle mit – bitte auch Herrn Schmidt!
Oh ja, ihr Affendamen und -herrn
wir landen auf dem Affenstern

Grande Finale

In sieben Tagen schuf Gott die Welt
doch sieben Tage sind echt zu knapp
am achten Tag fand er das auch
schmiß sie ins Klo und zog ab
er setzt sich wieder auf seinen Thron
und läßt uns hier hängen in der Kanalisation
wir müssen's ausbaden, oh Herr
die einen weniger, die anderen mehr
nun sind wir schon seit Abel und Kain
hier in der Grütze rumgekrochen
nun fängt, ja muß das denn wirklich sein?
die ganze Scheiße auch noch an zu kochen
Bedrohlich brodelt hier ein See
unheimlich bruzzelt dort ein AKW
die Angst war lange nicht so groß
die Raketen stehn auf: Achtung- fertig- los!

Willkommen zum Grande Finale
die Erde geht unter, erfahren wir soeben
der Eintritt ist ohne Bezahle
Sie zahlen hier bloß mit Ihrem Leben
Der Globus ist ’ne große Bühne
und auch Sie werden hier als Statist engagiert
es wird so inszeniert, daß jeder krepiert
und die Puppen tanzen:
Kein Horror in Sodom und Gomorrha
immer lustig und vergnügt
bis der Arsch im Sarge liegt
immer lustig und vergnügt
bis der Arsch im Sarge liegt!

Am Tage, als der Reagan kam
und die Vulkantanzschule übernahm
rechtsherum im Rückwärtsschritt
tanzt man jetzt den Apocalypso, und alle taumeln mit

Willkommen zum Grande Finale
am 30. Mai ist alles vorbei
und die Rüstungsindustriellen
sind in Bombenstimmung auf den Seychellen
in Moskau saufen sie viel Wodka
bis sie behämmert sind, und sie wetzen die Sichel
Es wird so inszeniert, daß jeder krepiert
und zuerst der Deutsche Michel
Kein Horror in Sodom und Gomorrha
immer lustig und vergnügt
bis der Arsch im Sarge liegt
wie schön der Neutronenbomber fliegt
bis der Arsch im Sarge liegt
wie aromatisch Giftgas riecht

bis der Arsch im Sarge liegt
es gibt 'ne Zeitung, die niemals lügt
bis der Arsch im Sarge liegt
in Bohrleben sich ein Bohrer verbiegt
bis der Arsch im Sarge liegt
ein Ölscheich einen Goldrausch kriegt
bis der Arsch im Sarge liegt
der Krisenstab sich im Bunker verkriecht
bis der Arsch im Sarge liegt
und Pfaffe, wie immer, seinen Segen gibt
bis der Arsch im Sarge liegt

Ali

Ali ist eine Türkenjunge aus Hamburg
hier geboren, doch wo gehört er eigentlich hin?
Dauernd gibt man ihm so'n Gefühl, als müßte er sagen:
Entschuldigen Sie, daß ich geboren bin
Ali trifft sein Mädchen in dunklen Läden
sie nimmt ihn nie mit zu sich nach Haus
sie sagt: Mein Alter, mit dem kann man leider nicht reden
der hat so Müllsprüche drauf, wie »Kanacken raus!«.

Und er denkt an das Land seiner Eltern
das er nur von Bildern kennt
und vom Fernsehn, das Land, das sein Vater
die echte Heimat nennt

Istanbul, das Schwarze Meer
am Bahnhof schaut er den Zügen hinterher
Doch wahrscheinlich in Ankara
hätt' er Heimweh nach Hamburg-Altona

So hängt er mit den Gefühlen zwischen den Stühlen
umgeben von Ghetto-Mauern, isoliert wie im Knast
und trotzdem, Ali, ist das hier dein Zuhause
Heimat ist einfach da, wo du Freunde hast
egal, wo du herkommst, wo eins nur wichtig ist
daß du 'n guter Kumpel bist

Vergiß jeden, der dich anmacht, 'ne echte Peinlichkeit
gerade hier im Land mit der braunen Vergangenheit

Sandmännchen

Die Sandmännchen kamen auf leisen Sohlen
um sich den Sand abzuholen
sie taten das nun schon jahrtausendelang
allmählich sind die Strände leer und blank

Da ist nicht mehr viel zu streuen da
Dünen, ganz mickrig und nur noch 'n paar
am besten weicht man aus auf die Sahara
denn der Strand an unserem Meer gibt nicht mehr viel her

Der Deichgraf Hauke Wattenschlick
und ein Kurverwalter namens Mövenbig
schrieben 'n Protestbrief nach Bremervörde
an die Deutsche Schlafbehörde

Sie schlugen vor, daß man sich so arrangiert
für die Kleinen werden noch 'n paar Dünen reserviert
für die Älteren aber, sind sie nachts noch zu munter
heißt es: Ausziehen, hinlegen, Reizwäsche runter...

Hallo Süße, hör mal her
es gibt ja nun in Deutschland keine Sandmännchen mehr
wir müssen jetzt schmusen, bis die Poofe kracht
ich muß ja irgendwas tun, was dich müde macht
ich werd' dich jetzt erschöpfen, aber auf die nette
du brauchst auch keine Schalaftabalette
komm, nimm mich, und dann heben wir ab
und nachher sind wir so richtig schön schlapp

Ja, früher war das so geregelt
da kam so 'n Sandsack angesegelt
der streut dir das Zeug ins Auge rein
und schon buchst du ins Meer der Träume ein
Doch dann gab's diesen Riesenputz
mit den Leuten vom Küstenschutz
man entzog den Sandmännern die Lizenz
ja, was machen wir denn jetzt bloß
wenn du nicht pennst?

Hallo Süße, hör mal her
es gibt ja nun in Deutschland keine Sandmännchen mehr
laß uns schmusen, bis die Poofe kracht
ich muß ja irgendwas tun, was dich müde macht
ich werd' dich jetzt erschöpfen, aber auf die nette
du brauchst auch keine Schalaftabalette
komm, nimm mich und dann heben wir ab
und nachher sind wir so richtig schön schlapp

Jonny Gigolo

Er war ein richtig keuscher Junge
und bei ihm zog nie ein Hoch auf
gerade das machte manche Frau so stürmisch
und sie flog drauf
Ja, immer wieder wurd' er in Versuchung gebracht
dabei wußte doch wohl jede
dieser Typ ist kein Mann für eine Nacht
denn 'ne Nacht ist ihm zu lange
und er sagt es frei heraus
das artet ihm zu oft
in wirklich schwerste Arbeit aus
Lieber nur 'ne halbe Stunde
'n Quicki ist doch auch ganz schön
da kann er nämlich hinterher
noch andere glücklich machen gehn

Er war nur ein Jonny
und er flippte um die Welt
er war ein Gigolo, doch niemals nahm er Geld
ob blond, ob schwarz, ob braun, ob Henna
und manchmal stand er auch auf Männer

Früher war ich öfter krampfig
denn da wußte ich noch nicht:
Prickelfit entspannt dich
und zwar augenblicklich
Man fragte mich auch mal, ob ich vom anderen Ufer bin
nein, ich bin der Fluß selber, und ich fließe stolz dahin
und gelegentlich Probleme mit den klerikalen Cliquen
ob er sich denn nicht was schäme
unaufhörlich rumzumachen

Urbi - Orbi - Amen - Amen
aus den Ohren schießt der Samen
denn Bumsen oder Onanie
ist verboten - und zwar wie!
Halleluja

Er war nur ein Jonny
und er flippte um die Welt
er war ein Gigolo, doch niemals nahm er Geld
Und bist du von den Flexibel-Betrieben
dann kannst du dich auch mal in Jungs verlieben

Kugel im Colt

Die Gedanken, sie rotieren
wie ein wildgewordenes Karussell
und ich weiß nicht, wie ich's anhalt
und draußen wird es schon wieder hell
Die Gefühle und mein Magen
fahr'n mit mir Achterbahn
und das ist jetzt der letzte Whisky
den ich runterspül'
und jetzt gehe ich zu dir
weißt du, wie ich mich fühl'?

Wie'ne Kugel
wie'ne Kugel in deinem Colt, ich raste aus
schieß' mich voll in dein Herz rein
oder schieß mich weit aus deinem Leben raus
Ich muß jetzt wissen, was los ist

und nach dem Schuß gibt's keine Fragen mehr
und ich weiß, daß ich zu dir gehör'
oder wenn du mich nicht willst
ist es besser, daß du meine Hoffnung killst

Es war noch nie meine Art zu warten
wenn ich was will – laß starten – laß machen
ich war schon immer ein zu schneller Junge
für langsame, laue Sachen
und nun steh ich vor dir und die Sonne geht auf
Mensch, bin ich verliebt. . .
ich bin die Munition im Revolverlauf
und wir sprengen jetzt den Kühlschrank, der dich umgibt

Ich bin die Kugel
die Kugel in deinem Colt und raste aus
schieß mich voll in dein Herz rein
oder schieß mich weit aus deinem Leben raus
Ich muß jetzt wissen was los ist
und nach dem Schuß gibt's keine Fragen mehr
und ich weiß, daß ich zu dir gehör'
oder wenn du mich nicht willst
ist es besser, daß du meine Hoffnung killst

Baby, ich bin die Kugel in deinem Colt
und ich halt's nicht länger aus
schieß mich voll in dein Herz rein
oder schieß mich weit aus deinem Leben raus
Ich muß jetzt wissen, was los ist
und dann gibt es keine Fragen mehr
und ich weiß, daß ich zu dir gehör'. . .

Father you should have killed Hitler

My Father lived in Germany before the war in 1933
he was a violinist in Berlin's most popular cabaret
»You watched the tide turn dirty brown
weren't you afraid that you were gonna drown
in your orchestrapit
while sailorgirls sang through the night
those silly lovesongs in the limelight
how could you stand it?«

Bert Brecht already left the land
from cabarets so many had been banned
the first had been killed by the crowd
you couldn't hear the music was too loud
you should have sold your violin
or traded it in for a gun
rather than fiddling the refrain
doing cocaine and charming ev'ryone

You should have killed Hitler
you know you would have been right
why didn't you fight?
You should have killed Hitler
you didn't see behind the curtain
you didn't try to stop that show
was it so nice your Third-Reich-paradise
where the sailorgirls sang:
Deutschland, Deutschland über alles
trallala, wunderbar
no panic on the Titanic
feel alright – what a night
no panic on the Titanic

more champagne - more cocaine
no panic on the Titanic
trallala, wunderbar
no panic . . . .

Wozu sind Kriege da?

Keiner will sterben, das ist doch klar
wozu sind denn dann Kriege da?
Herr Präsident, du bist doch einer von diesen Herren
du mußt das doch wissen
kannst du mir das mal erklären?
Keine Mutter will ihre Kinder verlieren
und keine Frau ihren Mann
also warum müssen Soldaten losmarschieren?
Um Menschen zu ermorden - mach mir das mal klar
wozu sind Kriege da?

Herr Präsident, ich bin jetzt zehn Jahre alt
und ich fürchte mich in diesem Atomraketenwald
sag mir die Wahrheit, sag mir das jetzt
wofür wird mein Leben aufs Spiel gesetzt?
Und das Leben all der anderen - sag mir mal warum
die laden die Gewehre und bringen sich gegenseitig um
die stehn sich gegenüber und könnten Freunde sein
doch bevor sie sich kennenlernen schießen sie sich tot
Ich find das so bekloppt, warum muß das so sein?

Habt ihr alle Milliarden Menschen überall auf der Welt
gefragt, ob sie das so wollen
oder geht's da auch ums Geld?
Viel Geld für die wenigen Bonzen
die Panzer und Raketen bauen
und dann Gold und Brillanten kaufen
für ihre eleganten Frauen
oder geht's da nebenbei auch um so religiösen Mist
daß man sich nicht einig wird
welcher Gott nun der wahre ist?

Oder was gibt's da noch für Gründe
die ich genauso bescheuert find'
na ja, vielleicht kann ich's noch nicht verstehen
wozu Kriege nötig sind
ich bin wohl noch zu klein
ich bin ja noch ein Kind

Big Brother's Töchter

Du siehst – oh, siehst du gut aus
da fällt mir glatt die Kontaktlinse raus
du bist eine von den ganz seltenen
diesen seltenen Delikatessen
und ich merk', daß ich Hunger krieg'
und ich möchte dich am liebsten essen
Mir wird heiß, doch du bleibst so cool dabei
wie Geheimdienst – Gedankenpolizei
bin ich ein Sicherheitsrisiko?

Gefährdungsstufe I – ich versteh' nicht ganz
warum guckst du so, als wäre ich ein Fahndungsfoto?

Du bist 'ne Tochter vom Großen Bruder – das ist klar
so wie du mich ansiehst, wie 'ne Überwachungskamera
ihr seid die ersten
Big Brother's Kinder sind schon da

Und jetzt hast du mich identifiziert
und als Anarcho kategorisiert
dein Ermittlungsraster vibriert
observieren und kontrollieren
verfassungsschutzmäßig recherchieren
und die Zentrale informieren

Du bist 'ne Tochter vom Großen Bruder – das ist klar
so wie du mich ansiehst, wie 'ne Überwachungskamera
ihr seid die ersten
Big Brother's Kinder sind schon da

Nicht erst '84
dieser Horror ist jetzt schon wahr
Volles Programm:
Big Brother's Töchter: Gesinnungs-TÜV-geprüft
Big Brother's Töchter: mit Augen wie 'ne Kamera
und wenn wir tanzen
spür' ich die Wanzen unterm BH --- BKA
frischgeölte Roboter, dreimal chemisch durchgereinigt

No future?

Du sagst: No future
nur noch 3 Jahre
dann werden wir alle krepieren
du sagst, die Gifte wären das einzig Wahre
und damit willst du dich
allmählich wegjonglieren

Du bist erst 15
auf deiner Jacke steht: no fun
wär' nix zu ändern
fängst auch erst gar nicht mehr mit irgendwas an
Du sagst: wie Hiroshima
die ganze Welt in Asche und Schutt
und der Zug rast dem Abgrund entgegen
und die Bremsen sind kaputt

Das Schlimme ist
ich kann dich fast verstehen
doch ich will diesen Weg nicht mit dir gehen
Du hast alle Waffen abgelegt
und aufgegeben
und irgendwie aufgehört zu leben
Wenn meine Hoffnung voll am Ende wär'
dann gäb's für mich auch nichts zu singen mehr
denn was sollen dann noch
solche Lieder und Gedanken
wenn das Raumschiff Erde
gesteuert wird von ein paar Kranken
von ein paar irren Kamikaze-Piloten
ja, sind wir denn alle solche Vollidioten?

Vergeblich all die Bücher
der Dichter und Philosophen?
Und es regieren uns immer noch die Ganoven

Nein, ich will kein Dichter sein
der Blumen bringt
an das Grab der Vernunft
und da was Schlaues singt
Che Guevara und Luther-King
dürfen nicht umsonst gestorben sein
sonst pack ich mein Mikrofon
für immer ein

Karl Brutal tanzt den Schieber jetzt nochmal

Keule

Urmensch

Weißte Baby, das war immer schon so
das war schon so vor zigtausend Jahren
da haben's die Typen und Tussen
im Grunde nicht so anders als heute getan
die Macker zogen raus in den Wald
da machten sie die Dinosaurier kalt
kamen nach Haus mit der dicken Beute
und dann durften sie ran an ihre süßen Bräute

Und heute sind die Wälder aus Beton
statt Dinosaurier jagen sie Kohlen
nur statt im Fell im grauen Jagdflanell
auf dynamischen Gummisohlen
Und jeder trickst den anderen aus
jeder macht den anderen nieder
da hat sich eigentlich nicht viel verändert
Ja, da bin ich doch mal lieber wieder
einfach Urmensch, 'n lockerer Urmensch
ich bin Tarzan, du bist Jane

Sie zischen hoch zu fernen Sternen
legen Bomben ins Weltall
500 Milliarden für die Rüstung
die haben doch echt den Superknall
Ja, früher haben sie ganz human
sich mit 'ner Keule angetickt
doch heute kann 'n Atomkrieg losgehen
dann sind wir aber alle echt gefickt
Da bin lieber wieder 'n Urmensch
ich bin Tarzan, du bist Jane

urgh – urgh – argh – argh . . .

Zwischen Rhein und Aufruhr

Zwischen Rhein und Ruhr
zwischen Rhein und Aufruhr

Ich heiße Keule und mich kennt jeder
ich trage Gummi, Strapse und Leder
und manchmal nackt, weil Gott mich so schön schuf
und hab' 'n traumhaft schlechten Ruf
Das ist egal, denn ich fühl' mich gut
in meinen Adern rollt ein schnelles Blut
ich brauch' Action, rund um die Uhr
und wohn, irgendwo zwischen Rhein und Aufruhr

Zwischen Rhein und Aufruhr

Ich hasse Disco-Zombies, weißt warum
tut weh zu sehn, die sind taubstumm
das große Schweigen, lachen ist verboten
im Tal der lebenden Toten...

Ich steh' nicht auf Eiszeit
wir brauchen die Heißzeit!
Zwischen Rhein und Aufruhr

Ich saufe lieber Sekt und bumse rum
statt Tee zu trinken und abzuwarten
denn wenn man wartet, daß etwas passiert
dann hat man meistens schlechte Karten
Bei so 'ner coolen Modepopperin
da steht er mir sowieso nach innen
er steht mir tatsächlich nach innen
bei so 'nem coolen Zombie-Mannequin

Phantom

Hinter Ihnen geht ein Mann
also drehen Sie sich nicht um
dieser Mann kennt alle Tricks
und er hofft, er kriegt Sie rum
Hören Sie seine Schritte auf dem Asphalt
er sagt, er meint es gut mit Ihnen
doch wenn er Sie hat, dann macht er Sie kalt

Gehen Sie weiter, gehen Sie schneller
er versucht, Sie einzuholen

gehen Sie weiter, gehen Sie schneller
er hängt zu dicht an Ihren Sohlen
Gehen Sie weiter, gehen Sie schneller
hängen Sie ihn ab
gehen Sie weiter, gehen Sie schneller...

Sind das Halluzinationen
oder sind Sie umgeben von Spionen
und was sind das für Schatten an der Wand?
Und da ist doch jemand... und der kommt immer näher...
wenn Sie aus bösen Träumen erwachen
dann steht dieser Mann neben Ihrem Bett
und Sie schlucken Tabletten
doch Sie sind nicht zu retten
und er kommt immer näher, kommt näher und näher...

Dieser Mann, von dem ich spreche
hat wie Milliarden Spinnen
um die Welt ein Netz gelegt
und da gibt es kein Entrinnen
Niemand kennt seinen Namen
keiner kennt sein Gesicht
Er berührt Sie, er verführt Sie
doch Sie sehen ihn nicht!
»Wohin du auch gehst, ich verfolge dich
du entkommst mir nicht!«

Hinter Ihnen geht ein Mann
also drehen Sie sich nicht um
dieser Mann kennt alle Tricks
und er hofft, er kriegt Sie rum
Hören Sie seine Schritte auf dem Asphalt
er sagt, er meint es gut mit Ihnen
doch wenn er Sie hat, dann macht er Sie kalt...

Sie liebten sich gigantisch

Sie sahen sich auf der Straße
blieben einfach stehen
und sie fragte: »Weißt du, wo's lang geht?«
Er sagte: »Weiß ich auch nicht, laß doch zusammengehen!«
Sie hatten sich so lange gesucht
und nun endlich getroffen
und dann in der Bar
obwohl's nur Kaffee war
waren sie wie besoffen

Und sie liebten sich gigantisch
und es war das erste Mal
und sie wußten nicht mehr
gibt's das wirklich
oder spinnen wir jetzt total?
Und für sie war er der Größte
und sie war seine Königin
und der Himmel wußte vor lauter Geigen
überhaupt nicht mehr wohin

Noch am selben Abend
zog sie bei ihm ein
und ihre Herzen und Körper
waren so hungrig
sie dachten, das wird jetzt immer so sein...

Doch irgendwann war der Rausch vorbei
sie wurden langsam wieder clean
und sie merkten, der andere hat noch 'n paar Macken
muß man noch ein bißchen umerziehen

Und sie liebten sich gigantisch
und es war das erste Mal
kleine Fehler hat wohl jeder
keiner ist ideal. . .
Trotzdem war er immer noch der Größte
und sie war seine Königin
nur noch ein bißchen dressieren, 'n bißchen korrigieren
und dann kriegen wir das schon noch hin

Ja, sie liebten sich gigantisch
und trotzdem nervten sie sich sehr
»Wenn der andere doch bloß nicht so wie er ist
sondern 'n bißchen anders wär. . .«

Ja, der Rahmen war schon fertig
und der Rahmen war nicht schlecht
jetzt muß nur noch der Mensch reinpassen
und den biegen wir uns schon zurecht!

Ja, sie liebten sich gigantisch
und war'n so abgetörnt wir noch nie
als sie merkten, daß es zu Ende ging
weil Menschen sind nicht aus Knetgummi

»Ey, was willst du denn alleine weggehen
willst du meine Nerven ruinieren
und kannst du außerdem nicht mal aufhören
mir hinterherzuspionieren?«
»Du blöde Nuß!«
»Ach du, du Penner, du Fuzzi, du Ultraidiot!«

Die Klavierlehrerin

Bei uns in Spanien

Deutsche Männer mit starken Beinen
und schnellen Füßen – sie kämpfen in Spanien
und sie schießen das Weltmeister-Tor
ja, das kommt bei uns auch schon mal vor
bei uns in Spanien, bei uns in Spanien

Deutsche Männer, das weiß doch wohl jeder
sie treten das Leder direkt in das Netz hinein
ein Torero schaut fassungslos zu
und sein Stier sagt nur leise noch: Schubidu
bei uns in Spanien, ja, in Spanien

Toni hält seine Bälle wie sonst keiner auf der Welt
Ayatollah Paule schießt den Schuß
der vergoldet werden muß
dann die Bananenflanke von Manfaredo Kaltz
auf den ungeheuren Zauberschädel, und dann knallt's

Deutsche Männer mit starker Abwehr und starkem Angriff
vernichten und schlagen den Feind
und die Träne des feindlichen Trainers
ja, sie wird so bitterlich geweint
bei uns in Spanien, ja, in Spanien

Deutsche Männer, sie wurden nicht vergessen
als der liebe Gott den Stahl erfand
welche Lust, welcher Stolz, ganz vorherragend
welche Lust, welcher Stolz, was für ein Land
bei uns in Spanien, ja, in Spanien

Häuptling Silberlocke schickt seine Männer
in das gegnerische Feld
»Deutschland vor, noch ein Tor
und wieder zeigen wir's der ganzen Welt«
Die Nation ist im Rausch
alle wollen den totalen Sieg
und ich hör' den Reporter ausflippen
und ich frag' mich, ist jetzt Krieg?

»Und da, da steigt er hoch im gegnerischen Strafraum
ja, die Abwehr ist durchbrochen
und die Deutschen bezwingen die Verteidung
die heute alt aussieht
der Feind wurde in unglaublicher Präzision niedergewälzt
allegemacht, einfach ausradiert

Sie können sich nicht vorstellen, welche Stimmung
hier aufkommt, meine Damen und Herren
die deutschen Schlachtenbummler
sie stimmen ein Lied an: . . .«
»Deutschland, Deutschland über alles«
»So ein Tag, so wunderschön wie heute«

Gesetz

Keine Ketten! Kein Gefängnis! Keine Handschellen!
Ich bin unschuldig!

Ihr habt mich nicht gefragt, ob ich geboren werden will
jetzt will ich auch nicht, daß ihr mir sagt, wie ich leben soll!

Ich bin die Saat, die endlich aufgeht
ich bin der Aufstand, der jetzt aufsteht und der jetzt losgeht!
Ich leb' nach eigenen Gesetzen
zu eurem Schrecken und Entsetzen, ich bin ich!
Der Tag ist gekommen, ich schrei' euch ins Gesicht
ihr überzeugt mich nicht, merkt euch eins:
Das Gesetz bin ich!

Nackter Wahnsinn, totaler Schizo
Atomraketen – und die Dritte Welt krepiert
und keiner, der nichts dagegen tut
soll mir noch irgendwas erzählen

Ich bin die Saat, die endlich aufgeht
ich bin der Aufstand, der jetzt aufsteht, der jetzt losgeht!
Wir sind die Saat, die endlich aufgeht
wir sind der Aufstand, der jetzt aufsteht und der jetzt losgeht!

Abgepackt und abgefuckt, vorgekaut und zugebaut total
wir wollen kein Leben wie 'n Paket aus 'm Supermarktregal!
Das Gesetz, das sind wir
das Gesetz sind wir!

Wir sind die Saat, die endlich aufgeht
wir sind der Aufstand, der jetzt aufsteht und der jetzt losgeht
wir sind die Antwort auf die Fragen
die ihr euch nie gestellt habt
Da kann man nur noch sagen:
Das Gesetz, das sind wir, das Gesetz sind wir
noch sind wir ein Fluß, doch bald sind wir ein reißender Strom
das Gesetz sind wir!

Jacques Gelee

Natürlich bin ich Dressman
ja, was soll ich denn wohl sonst sein?
Und 'ne Setcard hab' ich auch, ja, da schaun Sie ruhig mal rein
in 'nem normalen Beruf könnt' ich doch gar nicht bestehen
nein, dazu bin doch ganz einfach viel zu schön
die Damen fliegen einem immerzu zu
und die Herren lassen einen natürlich auch nicht in Ruh

Und so schreite ich den Laufsteg lang
und ich bin Jacques Gelee mit dem weichen Gang
und ich führ' von Chou-Chou, von Chi-Chi und Dior
die neue Taschenbillard-Hose vor (Klikediklik – Klikediklak)
ob in Rom, Paris und Mailand
oder an der Côte d'Azur
man nennt mich auch den Heiland
der Haute Couture!

Wenn Sie wissen wollen, wie das alles mit mir begann
ein charmanter Mann sprach mich im Caféhaus an
und er sagt: So 'n Typ wie Sie, ja, den suchen wir schon lange
Sie sind 'n ganz spezieller Vogel, nicht so einer von der Stange
Sie tragen die Haare ganz im Trend der Zeit ein bißchen dünner
und, wie vorteilhaft, nicht ganz so dünn
wie einst Monsieur Yul Brynner
außerdem die Zähne dunkel mit 'n paar Löchern drin
'n bißchen punki, gottseidanki, uh, das ist zur Zeit sehr in!

Und so schreite ich den Laufsteg lang
ich bin Jacques Gelee mit dem weichen Gang
und ich führ' von Chou-Chou, von Chi-Chi und Dior
die neue Taschenbillard-Hose vor

ob in Rom, Paris und Mailand
oder an der Côte d'Azur
man nennt mich auch den Heiland
da kann ich doch nichts dafür!

»Meine Damen und Herren, wir präsentieren die Hits der Saison:
den doppeltgewendeten Brei-Reiher aus dem Hause Cretin
von la Kotz: den extrabreit Biberschwanz
naturgeätzt und auf Leopard gegerbt
für den modebewußten Herrn außerdem Taft-, Tüll- und
Samtblouson von der Firma Verrutschi
und dazu die großzügig weiträumig gehaltenen Billardhosen
für den sportlichen Typ«

Ratten

Wo die gelben Wolken ziehen
wo die Giftfabriken blühen
wo das Wasser schwarz ist wie die Nacht
wo man uns langsam fertigmacht...
Sie haben uns den Dschungel geklaut
den Himmel verpestet
und die Flüsse versaut
die wälzen sich als stinkender Brei
am zugepflasterten Strand vorbei

Und wir sind die Ratten
in eurem Schatten
ihr großen Tiere, ihr Killervampire

Da, wo selbst ein Django flennt
weil Schwefel in den Augen brennt
die Luft voll Ätze und Monoxyd
und man die Sonne nicht mehr sieht...
Zwischen Oder oder Weser
Rhein, Main, Eibe oder Neiße
da wollen wir klares Wasser sehen
und nicht diese Blubber-Scheiße

Ja, sind wir denn Ratten
in eurem Schatten
ihr großen Tiere, ihr Killervampire

Ihr Vampire! Ihr Menschenfresser! Ihr Blutsauger!

Wo gelbe Wolken ziehen
wo Giftfabriken blühen
der saure Regen niedergeht
da, wo bald der Wind sich dreht!

Geile Götter

Alle Tage sind gleich lang, jedoch verschieden breit
und wir fühlen uns heute so speedy – wie Lichtgeschwindigkeit
und wir fahren unser Rennen, bis die Reifen brennen
schneller als der Wüstenwind
nix passieren wird immer noch genug
wenn wir über 'n Jordan sind

Wir sind Götter – Götter der Lust
und wir killen – den Höllenfrust
geile Götter – und wir holen uns munter
den Himmel auf die Erde runter

»You can’t always get what you want«
kann ich nicht akzeptieren
»Give Peace a chance« – das ist leider zu wenig
wir sind nicht bereit, zu krepieren
»I can’t get no satisfaction« – sehen wir überhaupt nicht ein
es muß abgehen wie der Blitz, wie Schleudersitz
es muß der Urknall sein!

Geile Götter – Götter der Lust
und wir killen – den Höllenfrust
geile Götter – und wir holen uns munter
den Himmel auf die Erde runter
geile Götter – und zwar radikal
geile Götter – als wär’s das letzte Mal
geile Götter – jede Stunde und jede Sekunde
als wär’s das letzte Mal!

Wir sind Götter – Götter der Lust
geile Götter – Götter der Lust
wir sind Götter – und zwar affengeile
und wir sprengen die Tempel der Langeweile
geile Götter – uh, reich mir mal die Götterspeise

Astronaut

Einsam wie ein Astronaut
im All gestrandet, endlos verflogen
die Bodenstation schweigt, und er begreift
du bist verloren und ganz alleine hier oben
so 'n Gefühl, das hab' ich manchmal
wenn ich hier auf der Bühne steh
vom Spot geblendet, dunkler Saal
und nichts mehr auf dem Kontrollschirm seh'

Und ich sing' mein SOS
und ich hoffe so, heute bist du hier
und ich seh' dich nach der Show
ey, ich warte auf ein Zeichen von dir
oder glaubst du auch wie die meisten Leute
so 'n Popstar hat mindestens 10 000 Bräute
und er könnte dich für ein Groupie halten
kommst du deswegen nicht?
Ey, glaub mir, ich will doch nur dich!

Nach den heißen Konzerten, die kalten Hotels
allein und ich denk' an dich. . .

Irgendwo und irgendwann werden wir uns gegenüberstehen
vielleicht schon bald zum ersten Mal
und es wird so sein wie ein Wiedersehen

Vitamine für die Seele

Diese Dramen mit den Damen
und die Affär'n mit den Herrn
machen dich fix und foxy
so was kann dich fast zerstör'n
und dann hängst du da rum
und dir ist so übel
und du kotzt und spuckst wie 'n Lama
und da hilft kein Halleluja
und da hilft kein Hosianna
kein Baghwan und kein Hare Rama
was du jetzt brauchst ey, 'n guten Doktor
ich bin dein Doktor
und ich empfehle
Vitamine für die Seele – für die Seele
Vitamine – und vor allem
Vitamin »U«

Ich bin zwar Doktor
doch leider
bin ich selber auch 'n bißchen krank
da helfen auch nicht die bunten Bonbons
in meinem Pillenschrank
Wir kommen auch nicht weiter
mit 'ner schnellen sexuellen Injektion
wir brauchen doch alle
die emotionale Intensivstation
wir sind zu cool ey
is' nich' gesund
ich bin so wild ey
nach deinem Himbeermund

Vitamine für die Seele – für die Seele
Vitamine – und vor allem
Vitamin »U«

(unveröffentlicht)

Odyssee

Odyssee

Kapitäne und Offiziere
und Millionen blinde Pasagiere
treffen sich zur blauen Stunde
Valijumcocktails werden serviert
der Kompaß klemmt, die Navigatoren
haben schon lange jede Richtung verloren
die Nacht ist schwarz, der Nebel so dicht
und schon seit Jahren kein Land in Sicht

Das ist die Odyssee – und keiner weiß, wohin die Reise geht
Odyssee – weil der Wahnsinn am Steuer steht

Auf kugelsicheren Kommandobrücken
kranke alte Männer an eisernen Krücken
sitzen am Spieltisch, gierig und fett
spielen American-Poker und Russisch-Roulett

Wir sind auf Odyssee – und keiner weiß, wohin die Reise geht
Odyssee – weil der Wahnsinn am Steuer steht

Und die Kinder starren an der Reling auf das Abendrot am Horizont
und sie haben Angst vor der ewigen Nacht
daß die Sonne morgen früh nicht wiederkommt

Odyssee – und keiner weiß, wohin die Reise geht...

Dr. Kimbel auf der Flucht

Er ist ein reicher Mann
der sich's erlauben kann
der jetzt das Weite sucht
Dr. Kimbel auf der Flucht

Und Fräulein Drosselbart
in sehr charmanter Art
leckt ihm das Ohr ganz zart
uh, die Goldbarren in der Tasche sind so hart

Und sie sagen immer
es wird immer schlimmer
und sie stöhnen alle
wir sitzen in der Atombombenfalle

Die Paranoia-Emigranten
sie raffen ihre Diamanten
der atomare Nervenkitzel
wird uns zu viel – Auf Wiederschnitzel

Dr. Kimbel - Dr. Kimbel - Dr. Kimbel auf der Flucht
und Fräulein Drosselbart packt ihre Klunker
in den australischen Tiefseebunker

Und sie sagen immer
es wird immer schlimmer
doch im Land der Kängeruhs
kennen wir keinen solchen Blues

Und dann in Neuseeland
Champagnerflaschen in der Hand
sehen sie - im TV
wie Deutschland knallt und raucht und zischt
und sie sagen: Prost, uns hat's nicht erwischt

Und sie liegen in der Südsee in den Bambusbetten
und giftgelbe Killerwolken über deutschen Städten
und sie tanzen Hulahula im Tropenwald
und zu Haus Millionen Leichen auf dem Asphalt
Pervers!

Du knallst in mein Leben

Ich war schon immer so'n loser Typ
mit kurzen Romanzen, aber intensiv
es kam selten vor, daß ich länger blieb
war meistens schon weg, wenn sie noch schlief

Und wieder nach draußen, in den rauhen Wind
wo die Asphaltcowboys zu Hause sind
immer alleine, mein Herz kriegt keine
denn Liebe is'n Käfig, macht unfrei und blind

Doch jetzt knallst du in mein Leben, und ich kann mich nur
 ergeben
du kommst wie'n Überfallkommando, und ich bin k.o.
und das Eis beginnt zu tauen, und es ist zu spät abzuhaun
und ich merk', ich lieb' dich so – egal, ich geh' jetzt voll auf
 Risiko

Auf dem Schlachtfeld der großen Gefühle
bin ich schon oft verwundet worden
immer nur Dramen mit den Damen
küssen und schlagen, lieben und morden

Und dann eines Tages, hab ich mir gedacht
jetzt wird hier nur noch auf cool gemacht
ich baute 'ne Mauer um mein Herz
keine Love-Stories mehr, aber auch keinen Schmerz

Doch jetzt knallst du in mein Leben, und ich kann mich nur
 ergeben
du kommst wie 'n Überfallkommando, und ich bin k.o.
und das Eis beginnt zu tauen, und es ist zu spät abzuhaun
und ich merk', ich lieb' dich so – egal, ich geh' jetzt voll auf
 Risiko

Plötzlich knallst du in mein Leben...

Sonderzug nach Pankow

Entschuldigen Sie, ist das der Sonderzug nach Pankow
ich muß mal eben dahin, mal eben nach Ost-Berlin
ich muß da was klären, mit eurem Oberindianer
ich bin ein Jodeltalent, und will da spielen mit 'ner Band

Ich hab'n Fläschen Cognac mit, und das schmeckt sehr lecker
das schlürf' ich dann ganz locker mit dem Erich Honecker
und ich sag': Ey, Honey, ich sing' für wenig Money
im Republik-Palast, wenn ihr mich laßt
all die ganzen Schlageraffen dürfen da singen
dürfen ihren ganzen Schrott zum Vortrage bringen
nur der kleine Udo – nur der kleine Udo
der darf das nicht – und das verstehn wir nicht

Ich weiß genau, ich habe furchtbar viele Freunde
in der DDR, und stündlich werden es mehr
och, Erich ey, bist du denn wirklich so ein sturer Schrat
warum läßt du mich nicht singen im Arbeiter- und Bauernstaat?

Ist das der Sonderzug nach Pankow?

Ich hab'n Fläschchen Cognac mit, und das schmeckt sehr lecker
das schlürf' ich dann ganz locker mit dem Erich Honecker
und ich sag: Ey, Honey...

Honey, ich glaub', du bist doch eigentlich auch ganz locker
ich weiß, tief in dir drin, bist du doch eigentlich auch 'n Rocker
du ziehst dir doch heimlich auch gerne mal die Lederjacke an
und schließt dich ein auf'm Klo und hörst West-Radio

Hallo, Erich, kannst mich hören
Hallölöchen - Hallo
Hallo, Honey, kannst mich hören
Hallo Halli, Halli Hallo
Joddelido. . .

ТоварищЭрих,. . . между прочим
Верховный Совет ничеґо не имеет
против ґастролей ґосподина Линденберґа
вГДР.

Killer-Kino

Was ist das bloß für ein beschissenes Land
in dem schon morgens um sieben die Sonne aufgeht
er schmeißt den Wecker an die Wand
und flucht vor sich hin, während er langsam aufsteht
Raus auf die Straße - kalt und grau
Zombies und Bestien - wohin man sieht
dann auf Maloche, der Chef ist 'ne Sau
da nützt doch nur noch, daß man das Messer zieht

Was ist das bloß für ein beschissenes Land
in dem dann abends um sieben in der Tagesschau
Millionen ohne Job - völlig abgebrannt
und der Minister sagt: Sorry, ich weiß auch nicht genau
Raus auf die Straße - rein in die Kneipe
wie wird sich am besten abreagiert
'n paar Schnaps im Schädel und dann ab ins Kino
da, wo abgerechnet wird

Ein Mann wird zum Vollstrecker
ein Mann wird zum Zerfetzer
ein Mann spannt jeden Muskel an – und tötet mit, so gut er kann
ein Mann, er wird zum Rächer
ein Mann wird zum Verbrecher
und dann gehen die Lampen an – und was dann...

Schade, schade, daß man
im Killer-Kino nicht wohnen kann
müßt' immer auf sein, dürft' niemals schließen
wo lassen Sie schlachten, wo lassen Sie schießen?

Ein Mann wird zum Vollstrecker
ein Mann wird zum Zerfetzer
ein Mann spannt jeden Muskel an – und tötet mit, so gut er kann
ein Mann, er wird zum Rächer
ein Mann wird zum Verbrecher
und dann gehen die Lampen an – und was dann...

Karato, Brutalo, Mad Max, Alien, Zombies, Action
Werwolf, Killer-Kommando
mit den Männern, diesen harten
wenn Krieg so geil ist wie im Kino, laß doch endlich starten...

Ein Mann wird zum Vollstrecker
ein Mann wird zum Zerfetzer...
die Lampen gehen an – und was dann...

Body-Building-Braut

Ich liebe große, starke Frauen – mit prallen Muskeln und ultrahart
große, starke Gigantenfrauen – so welche im Meister-Proper-Format
Und meine Freundin ist so eine
und sie hat keine O-, sondern 1 A-Beine
meine Braut – auch wenn sie männliche Hormone kaut
ich lieb' ihre harten Hüften und ihren strammen Po
besonders ganz in Glanz und Öl und so

Süße Body-Building-Braut
du bist mein Totalknockout
Hab' ich auch seit Wochen mir die Knochen gebrochen
ist egal – denn Sex mit dir ist phänomenal

Ich besuch' sie öfter mal in ihrer B-B-Bizepsfarm
ich krieg' ja so 'ne Latte mit ihr auf der Trainingsmatte
oder wenn sie mich stemmt mit nur einem Arm
ja, unter ihrem Mantel trägt sie immer eine Hantel
und an ihrer Taille die Güldengoldengoldmedaille
die Medaille, die sie sich immer wieder rafft
bei jeder Schwerathletenweltmeisterschaft

Süße Body-Building-Braut
du bist mein Totalknockout

Früher ging ich niemals ohne Bodyguard raus
heute laß ich sogar die Dogge zu Haus
denn keiner wird sich trauen, mir aufs Maul zu hauen
selbst Conan, der Barbar, käm' mit ihr nicht klar

Süße Body-Building-Braut
du bist mein Totalknockout
hab' ich auch seit Wochen mir die Knochen gebrochen
ist egal – denn Sex mit dir ist phänomenal

Ich bin beim Bund

Sonntagnacht – zurück zum Bund
ich bin ja so ein armer Hund
zieh die Bremse – halt den Zug an
ich will hier raus – ich hab' genug, Mann
wie ich das hasse, jetzt mit der Bahn
in diese Hölle zurückzufahren
wie ich das hasse, jetzt mit der Bundeswehrbahn
in diese Hölle zurückzufahren

Ich bin beim Bund, ich bin beim Bund
ich bin ja so ein armer Hund

Das Wochenende war echt 'n Hammer
ich lieb' mein Mädchen, und jetzt wieder das Drama
jetzt ohne sie die ganze Woche
ohne sie, Onanie
fürs blöde Vaterland nehm' ich die Hand zur Hand
lege Hand an mich
Onanie – stärkt das Hemd und schwächt das Knie

Ich bin beim Bund, ich bin beim Bund
ich bin ja so ein armer Hund

Muß wieder Schützengräben graben
Knarre putzen, mich im Schlamm beschmutzen
was soll das alles für 'n Sinn haben
dieses öde, blöde Stupidium vom Staat
Panzer ölen und trag den Hut aus Stahl
wenn mal die große Bombe fällt, ist das doch alles sowieso egal
sowieso alles für 'n Arsch gewesen
dann steh' ich doch lieber in unserer Kneipe
am Tralafitti-Tresen

Ich bin beim Bund, ich bin beim Bund
ich bin ja so ein armer Hund

Der Spieß pöbelt rum wie die letzte Sau
der hat bestimmt Komplexe oder Trouble mit seiner Frau
schreit hier rum, so 'n beknacktes Schwein
ich sag': Dein Gesicht und mein Arsch könnten gute Freunde sein

Ich bin beim Bund, ich bin beim Bund
ich bin ja so ein armer Hund

Und dann sag' ich irgendwann: Ey, halt den Zug an
ich will hier raus, Mann
ich bin nicht mehr lange beim Bund
ich bin nicht mehr lange beim Bund
bin nicht mehr lange so 'n armer Hund

Kleiner Junge

Als er ein kleiner Junge war
und mal nix essen wollte, sagte Ma
daß viele Kinder hungrig sind und sterben
er war so geschockt und dachte: So 'n Wahnsinn
und rannte zu seinem Sparschwein hin
da war sein ganzer Reichtum drin
»Mutter, wir müssen was tun!«

»Mit deinen paar Groschen«, sagte Ma
»kriegste diese Welt leider auch nicht klar
das ist hier nun mal so 'n bekloppter Planet
wo die Menschheit schon immer total durchdreht
daran wirst du dich gewöhnen, damit muß man leben
auch wenn es manchmal traurig macht.«
Doch er beschloß, wenn ich groß bin, werde ich das ändern
und heulte die ganze Nacht

»Was ist mit Gott?« und Mutter sagt:
»Der hat den Himmel zugemacht, ist abgereist, ist ganz weit weg
und kümmert sich 'n Dreck«
»Und was ist mit dem Papst?« und Mutter sagt:
»Der hat schon viele auf dem Gewissen
durch sein Pillenverbot kommen Babies zur Welt
obwohl man weiß, daß sie gleich wieder sterben müssen«
»Und was ist mit den Politikern?«
»Viele von denen sind totale Verbrecher
sie lügen, betrügen und erklären den Krieg
machen Menschen zu Mördern und labern vom Sieg«

Kleine Jungs werden größer
und wenn's dann immer mehr um das Ego geht
ist ein palästinensisches Flüchtlingsghetto
bald so weit weg wie der fernste Planet
doch bei ihm war das anders - er wurde groß
doch sein Gewissen wurd' nicht kleiner
und wenn er mal ausflippte, schrie und weinte, im Büro, einfach so
lachten sie ihn aus
Psychiatrie - Irrenhaus
Psychiatrie - Irrenhaus

Und was ist mit Gott?
Mit dem Papst?
Mit den Politikern?
Den Terroristen?
Und was ist mir dir?

Kralle

Früher nannte man ihn Kralle
und er holte sie sich alle
ob lang, ob kurz, ob schief, ob schräg
Frauen pflasterten seinen Weg
Baby, sagt er immer, du siehst aus
wie eine, die das verstehen kann
das Bett ist kalt bei mir zu Haus
ich brauch' 'ne Wärmflasche mit zwei Ohren dran

Kralle, Kralle, Kralle
und er holte sie sich alle
doch heute stehen sie da nicht mehr so drauf
nein, heute reißt Kralle kaum noch eine auf

Tja, mit den Frauen ist das anders geworden
besonders hier bei uns im Norden
sie sind nicht mehr so biegsam-schmiegsam-fügsam
in Thailand soll das anders sein
also schnell ins Flugzeug rein
und so flog Kralle Schleckermann
mit dem Vögel-Jet von Näckermann

Kralle, Kralle, Kralle
und da hol' ich sie mir alle
im fernen Osten, wo sie wenig kosten
werden die Weiber mich lieben, werden sie auf mich fliegen

Und so nahm er den Tripper-Clipper nach Bangkok
zur Pat-Pong-Road
ja, das waren noch richtige Frauen
und eine war ganz besonders devot
und er nahm sie gleich mit nach Oldenburg
doch die Kleine war clever, und sie blickt' schnell durch
so 'n Typ wie Kralle ist kein Gag
und schon war sie weg

Kralle, Kralle, Kralle und jetzt machen sie dich alle
die Macker-Macho-Zeiten sind rum
geh in die Wixelstube, tausch deine blöden Sprüche um
Kralle, Kralle, Kralle und jetzt machen sie dich alle
deine Zeiten sind jetzt rum
geh mal in die Wixelstube und tausch deine blöden Sprüche um

Kralle, Kralle, Kralle, mit deinem Chauvie-Macho-Macker-Stuß
. . . keine Nummer unter diesem Anschluß
kein Nümmerchen unter diesem Anschluß . . . (piep, piep, piep)

Heyooh Guru

Er hat uns klar gemacht
hell ist der Tag und dunkel die Nacht
wir sind die Jünger – wir sind die Kunden
er hat das Rührei des Kolumbus erfunden
wir waren ja so blind – jetzt können wir sehen
wir können übers Wasser gehen
Heyooh

Hey – reich mir den Weihrauchtopf
räucher mir mein Herzchen rein, und erleuchte mir den Dröhnekopf
zu allen Fragen, die uns bedrängen
der Meister läßt uns niemals hängen
zu allen Fragen dieser Zeit
hat er den genitalen Spruch bereit
Hare Hare – Rama Rama
und der Guru ist kein Armer
Heyooh

Er braucht öfter mal was Neues
einen bonbonrosa-schraubgehupten-Amphibien-Rolls-Royce
durch die Wüste zieht der Treck
der Guru fliegt schon mal vorweg
(er fliegt vorweg im Privatjet)

und er erscheint in weißen Wolken
»Führer befiel – und wir folgen«

Der Guru feiert Erntedank
die Kohlen kichern auf der Bank
(Nümmerlikontili, in der Schweiz, da liegt's bereits)
Heyooh

Ja, wenn schon denn schon, ja, denn schon dann schon
denn wer weiß ob, und wenn, dann wann schon
gibt's nochmal so 'n Prophet
der immer weiß, wie's weitergeht...
Heyooh!

Mein Onkel Joe

Mein Onkel Joe wohnt in Sizilien
und wenn er Swing hört, fängt er immer an zu schielien
und dann zieht er den Colt und fängt an zu zielien
auf den Kronleuchter – peng – der fällt runter, so muß es sein
und dann weiß meine Tante
heute abend ist wieder Concerto-time
und dann sagt er: Laß jucken, laß mal gucken
und pack dein Tanzbein ein!

Das Orchester von Cäpt'n Wahnsinn spielt im Mördertakt
und dann müßt ihr mal sehen
wie Onkel Joe seine Madonna packt
und dann hotten sie, bis meiner Tante das Mieder knackt
im Etablasement wird geblasen – und zwar aus vollen Rohren

das ist der schärfste Sound
und davon kriegen wir ganz steife Ohren
ja, Benny Goodman, Glenn Miller und Co
liegen wieder mal ganz vorn
und auch der Duke sogar – sind alle wieder da

Sternentaler

Es war einmal ein armes Mädchen
wohnte in 'ner kleinen Stadt
träumte von großer Liebe
von der großen Welt, vom großen Geld
lebte im Heim, da war's ganz kalt
riß aus aus dem Käfig in der Nacht
kam in die bunte Glitzerstadt
wo man Karriere macht

Traf einen Mann, stark und schön
stahlblaue Augen – dunkles Haar
dachte, mit dem möcht' ich gehn
der sieht so heiß aus wie 'n Leinwandstar
er sagt: Kleine, ich kümmer' mich
ab sofort und total und ganz lieb um dich
küß mich, in bin dein Märchenprinz
und du bist mein Sternentaler

Ob Sommer, ob Winter, nun steht sie da zu jeder Jahreszeit
in ihrem dünnen kurzen Sternentalerkleid
gegen Kälte nimmt die Tabletten

gegen Kummer schluckt sie Sprit
und statt ihren Prinz nimmt sie auf ihren Turm
diese Schweinefreier mit

Und sie liebt ihren Mann, stark und schön
stahlblaue Augen - dunkles Haar
und sie ist stolz darauf, mit ihm zu gehn
doch leider ist er oft nicht da

Sternentaler im dünnen Kleid
träumt von der warmen Regenzeit
und dann später, vielleicht schon nächstes Jahr
zieht sie mit ihrem Gott für immer nach Ibiza

Oder . . .?

Der alte Mann in Rio

In Südamerika - er wohnt schon lange da
ist ein uralter Mann - ist 93 Jahr
er sitzt im grünen Gras und hat 'n riesen Spaß
an einem Schlagerlied, das ihm die Schuhe auszieht
- Tanz den Mussolini - Tanz den Adolf Hitler -
Und wenn er Heimweh hat, liest der das Heimatblatt
Deutschnational - und dann fängt er zu träumen an

Von blonden Jungs im braunen Hemd
und ein starker Mann gibt die Richtung an
und wir fangen noch mal von vorne an

Neue Deutsche Fröhlichkeit
den Nacken ausrasiert
und er sieht in seiner Phantasie
wie die neue SA marschiert

Er hat auch Briefkontakt mit einer Wehrsportgruppe hier
die schicken ihm Videos und 'n Kasten Münchner Bier
sie schreiben: Alter, weißt du was
wir haben hier 'n geilen Rassenhaß
Kanakenungeziefer raus
sonst stirbt die deutsche Rasse aus

Blonde Jungs im braunen Hemd
und deutsche Frauen in den deutschen Gauen
schön wie Eva Braun
Neue Deutsche Fröhlichkeit
Nacken ausrasiert
und die Hakenkreuze und die SS-Runen
werden wieder an die Wand geschmiert

In Südamerika - er wohnt schon lange da
ist ein uralter Mann - ist 93 Jahr
Und gestern rief der Mann in Rio im Reiseoffice an:
Geben sie mir mal den Deutschland-Vermittler
ich will 'ne Reise buchen, 'ne Reise heim ins Reich
und mein Name ist. . . Adolf Hitler

Commander Superfinger

Mit dem Galaxi-Taxi aus der fernen Dimension
kam der Computerexperte – der Digitalspion
er sagt: Bei euch hier unten läuft was falsch,
mit eurer Heckmecktektektechnologie
nachher beherrscht sie euch und nicht ihr sie. . .!

Commander Superfinger – Commander Superfinger

Es ist auf eurer Erde für alle alles da
ihr müßt es nur anders verteilen
dann wär' doch wirklich alles klar
und schon macht er sich, gesagt, getan
an die Computer der Banken und Börsen ran
legt seinen langen Finger auf die Sensoren drauf
und löst erst mal locker alle Konten auf
die ganze Kohle überweist er – hin und her – kreuz und quer
und ganz viel Geld in die Dritte, Vierte oder Fünfte Welt

Commander Superfinger – Commander Superfinger

Und nun schleicht er sich als Spion
in den Kreml und dann ins Pentagon
mit einem Knips an den Chips, mit 'nem Trick an den Daten
und die Scheiß-Raketen können niemals starten
sie fahren Stück für Stück
in die Sperrmüllgarage zurück
sie verschrotten sich von selber und zwar im Nu
und die Militärschweine gucken fassungslos zu
Superfinger tickt an die Raster, vertauscht mal kurz die Daten
er mischt der Welt erst mal neue Karten

Commander Superfinger
und die großen Tiere dieser Welt sagen: Naninanunanü...
shit... jetzt läuft ja hier wohl gar nichts mehr – rien ne va plus

Ein wenig später geht der Eliminator
im BKA an die Karteikästen ran
und überprüft die Akte von Ede Schlimmermann
und dann bei Zastermann und Sohn
stoppt er die totale Automation
alles schreit: Geil, geil, geil, was hier passiert
jetzt wird hier keiner mehr wegrationalisiert!

Commander Superfinger
dreht die tollsten Dinger mit dem magischen Finger
Commander Superfinger

(Und wenn er nicht kommt, der Commander, wat 'n dann?)

Götterhämmerung

Narkosegespenst

Das Narkosegespenst geht um im Land
mit dem großen Dröhnekoffer in der Hand
verteilt Relaxium-rauscho-easylin und zu saufen jede Menge
und dann seh' ich die ganzen No-future-Typen
und das ganze Durchgehänge

Das Narkosegespenst präsentiert seinen Kundenkreis
im Betäubungs-TV die Coolhalte-Schau:
Was ich nicht weiß, macht mich nicht heiß
aber jede Sekunde kann's passieren
daß sich die Menschheit selber killt
und dann werden wir verseucht, versaftet
und mal eben kurz durchgegrillt

Da gab's mal einen Film von James Bond
der hieß: Man lebt nur zweimal
da kann ich doch nur lachen, wenn ich will –
nein, ich leb' sechsmal
denn wir haben ja auch sechsfachen Overkill
sechsmal soviel Power – sechsmal soviel fighten
mit Gleitcreme an den Sohlen durch die Abenteuer gleiten...

Das Narkosegespenst nimmt den Leuten den Horror ab
Opium fürs Volk, Zuckerbrot und Spiele
und das macht sie alle so schlapp
Narkosegespenst, mich kriegst du nicht, trotz Raketen überall
ich kann doch mein Leben nicht schon jetzt aufgeben
und nur noch warten auf den großen Knall

Das gab's mal einen Film von James Bond
der hieß: Man lebt nur zweimal
da kann ich doch nur lachen, wenn ich will –
nein, ich leb' sechsmal, denn wir haben sechsfachen Overkill
sechsmal soviel Liebe – sechsmal soviel Sex
ich bin 'ne wilde Blume an der dunklen Mauer
ein Widerstandsgewächs

Gerhard Gnadenlos

Mit zitternden Händen hält sie den eingeschriebenen Brief
und ihr Herz hämmert los und wühlt im Magen ganz tief
der Brief kam heute mittag, und die Tränen sind so groß
der Brief von ihrer größten Liebe
von Herrn Gerhard Gnadenlos

Betrifft: Gefühle fest im Griff

Ich bezieh mich diesbezüglich
auf die Zeit, die sehr vergnüglich
Ihr geschätztes Angebot, mit mir durchs Leben zu gehen
hab' ich sorgfältig geprüft – nein, das geht mir doch zu weit

also abschlägiger Bescheid
ich bitte, das zu verstehen

Sekretärin: Chef, wenn Sie dann bitte weiterdiktieren würden
und brauchen Sie noch eine Abschrift?

Zur Abwendung der Firmenpleite
schieb' ich Herzenssachen besser zur Seite
für einen Mann in meiner Positione
ist es besser, er bleibt ohne
wir kommen vielleicht gelegentlich noch mal auf Sie zurück
bis dahin wünschen wir Ihnen das volle große Glück
und helfen Ihnen gerne nach Kräften
bei Ihren künftigen Gefühlsgeschäften

Mein Herz ist total vereist
(nach Diktat verreist)

Sie wollte Liebe

Ihre Eltern schliefen nebenan, und sie lag noch wach
wie verschollen im arktischen Eis – abgeschoben aufs Abstellgleis
nein, keiner hörte ihr SOS, so verzweifelt sie auch rief
ihren Schrei unter Wasser, 1000 Meter tief

Sie wollte Liebe – und kriegte Taschengeld
sie wollte Wärme – und die Heizung wurde angestellt
sie wollte reden – und kriegt 'n Videospiel
dann fragen die Kinder nicht so viel

sie wollte Freundschaft mit ihren Eltern – doch sie kriegte nur
Befehle und Kommandos, rund um die Uhr
gab's in der Schule für die eigene Meinung mal 'n blauen Brief
wurden die Alten statt zu helfen aggressiv

... und sie sagt: Good bye, Good bye, Good bye!

Ihr Mann schnarchte neben ihr, und sie lag noch wach
wie verschollen im arktischen Eis – abgeschoben aufs Abstellgleis
nein, er hörte nicht ihr SOS, so verzweifelt sie auch rief
ihren Schrei unter Wasser, 1000 Meter tief

Sie wollte Liebe – und kriegte drei neue Schecks
sie wollte Zärtlichkeit – und er verlangte Sex
sie wollte reden – er sagt: Ja, aber nicht sofort
denn im Fernsehen gibt's das Neueste vom Sport
Sie wollte 'ne Familie – und keinen Kalten Krieg
sie wollte einen Mann – und keinen Businessfreak
der nur von der Firma und vom Kohle machen spricht
nur zum Schlafen zu Haus ist und sonst nicht

... und sie sagt: Good bye, Good bye, Good bye!

Sie wollte Liebe – und kriegte Taschengeld
sie wollte Wärme – und die Heizung wurde angestellt
sie wollte reden – und kriegt 'n Videospiel
dann fragt die Kleine nicht so viel
sie wollte Liebe...

Hallo DDR

Die Vopos lächeln freundlich
und gucken kaum in den Paß
und sie sagen: »Keine Panik«
und sie wünschen uns viel Spaß
Der Bandbus gleitet weiter
und ostwärts geht die Fahrt
und wir reiten ein zu unserer ersten Tournee
in den Hammer-und-Sichel-Staat

Und jetzt ist endlich Schluß mit der Warterei
im Sommer '84 kommen wir vorbei
und Edu von Schnitzler im Schwarzen Kanal
sagt: Genossen, das ist jetzt alles völlig normal

Oh yeah – wir rocken und rollen durch die DDR
Oh yeah – und diesmal nicht nur im Transitverkehr
Oh yeah – wir rocken und rollen durch die DDR
Oh yeah – wir machen richtig los, und es tanzt der Berliner Bär

Wir kommen angerattert
die Roadies sind schon da
und sie machen den Mikrofonschleudertest
und die Bühne klar
Steffi spielt den Exzessor-Bass
und es trommelt der grenzenlose Berte Blass
und auch Hannes, Olaf, Hendrik und Jacques
sind heute ganz besonders auf Zack
Dann knipsen wir die Lightshow an
in der Abenddämmerung
und das Panik-Orchester ballert die absolute Götterhämmerung

Oh yeah – wir rocken und rollen durch die DDR
Oh yeah – und diesmal nicht nur im Transitverkehr
Oh yeah – wir rocken und rollen durch die DDR
Oh yeah – wir machen richtig los, und es tanzt der Panik-Bär

Hallo Dresden – Hallo Jena
Hallo Rostock – Hallo Leipzig
Hallo Weimar – Hallo Karl-Marx-Stadt
Hallo Frankfurt – Hallo Magdeburg
Hallo Berlin – Hallo Zwickau

Nonnen

Nonnen – sie wohnen in Klostern
und das nicht nur zu Ostern
mit dem Papst auf den Postern
und den Hostien in den Toastern

Nonnen – sie tragen schwarze Klamotten
und jetzt fangen sie an zu hotten
mit ihren kleinen weißen Häubchen
sind sie nicht süße, heiße Täubchen

Die fröhliche Botschaft muß raus an die Leute
das wissen progressive Nonnen heute
. . . und was soll'n sie auch versauern
hinter grauen Klostermauern?

Nonnen – immer fromm und heilig
auf die Dauer langweilig
den Rosenkranz immer rauf und runter
immer runter und rauf
da haben sie keinen Trieb mehr drauf

Nonnen – nein, sie woll'n nicht mehr versauern
hinter dunklen Klostermauern
sie geben ihr weltliches Debut
in einer hochgepriesenen Rock 'n' Roll-Revue

Sie hieven die Röckchen, sie werfen die Beine
sie wollen, daß uns der highlige Geist erscheine
sie lassen den Funky-Choral erklingen
und wir hören die süßen Nönnchen singen:
Halleluja, halleluja, halleluja, yeahaaaah!!!

Extremisten

Du sagst, »was soll'n wir noch reden«
es wäre fest beschlossen
und ich merkte, du hattest die süße Sucht
schon voll in mich reingeschossen
ich wollte noch schrein
»für so 'nen Mund braucht man doch 'n Waffenschein«
doch du murmelst etwas von »illegal«
dann umarmten wir uns, als wär's das letzte Mal. . .

So wie du mich berührst hast - so wie du mich verführt hast
und ich sofort in hellen Flammen stand
und als wir uns küßten - radikale Extremisten
wie Verdurstende nach Monaten im heißen Wüstensand

So wie du mich ansahst
ich merkte sofort
da galten dieselben Gesetze für uns
wir waren uns einig - ohne ein Wort
Wenn du was willst, dann gibt's keine Fragen
dann gehst du los und holst es dir
ich bin genauso
deshalb gehör' ich zu dir - und du zu mir

So wie du mich berührt hast - so wie du mich verführt hast
und ich sofort in hellen Flammen stand
und als wir uns küßten - radikale Extremisten
wie Verdurstende nach Monaten im heißen Wüstensand

Sie brauchen keinen Führer

In der U-Bahn kreisen Sprüche
und die Sprüche sind nicht neu
vor 50 Jahren klang das ähnlich
und war im Sinne der Partei

In den Kneipen erzählen sie Witze
brutale Witze und lachen kalt
und sie beschließen, wer ihnen den Job klaut
wird vergast oder abgeknallt

Heißer Draht zu »Honey«

Auf dem Schulhof spielen die Kinder
»Türke und Gendarm«
und in der Klasse, getrennt nach Rasse
im Geschichtsunterricht gähnen sie lahm

Auf den Straßen und im Fußballstadion
fangen sie wieder an zu schrein
und dann schmeißen grölende Germanen-Gangs
Granaten in die Kebab-Läden rein

... und viele sagen immer noch:
So schlimm ist das doch wirklich nicht
es ist doch hier weit und breit
kein neues Drittes Reich in Sicht

Nein, sie brauchen keinen Führer
nein, sie können's jetzt alleine
nein, sie brauchen ihn nicht mehr
diese neuen Nazi-Schweine
und keine braune Uniform
die Klamotten sind jetzt bunt
doch die gleiche kalte Kotze
schwappt ihnen wieder aus dem Mund
sie marschieren nicht in der Reihe
doch die Front steht wie ein Mann
da, früher waren's die Juden
und heute sind die Türken dran

... und viele sagen immer noch:
Das wird sich niemals wiederholen!
Aber seht ihr denn nicht an den Häuserwänden
dieselben alten neuen Parolen?

Nein, sie brauchen keinen Führer
nein, sie können's jetzt auch alleine
nein, sie brauchen ihn nicht mehr
diese neuen Nazi-Schweine
und den hocherhobenen Kopf
und den deutschen Herrenblick
lassen sie niederschmetternd wirken
auf »Untermenschen und sonstige Türken«
sie marschieren nicht in der Reihe
doch die Front steht wie ein Mann
und heute sind die Türken dran

Nein, sie brauchen keinen Führer
nein, sie können's jetzt auch alleine
nein, sie brauchen ihn nicht mehr
diese neuen Nazi-Schweine ...

I Love Me Selber

Ich hab' 'ne Loveaffair mit einem Herrn
genau der Typ, auf den ich steh'
verläßt mich nie – hat mich so gern
ist immer für mich da – tut mir niemals weh
dieser Typ, der bin ich
ewiger Schwur – ich liebe mich
ich halt die Versprechen, die ich mir gebe
und bleib' bei mir, solange ich lebe

Wenn ich früher eine richtig göttlich fand
gab ich mich voll und ganz in ihre Hand

wie ’n Klammeraffe hing ich dann
voll süchtig an der Dame dran
und wenn dann wieder mal Ende war
auf der Sterbematratze, plötzlich wurd’ mir klar
das totale Tilt darf es niemals mehr geben
künftig geb’ ich mein Herz, aber nicht mehr mein Leben

Da lieb ich mich erst mal selber – I love me
ich lieb’ mich einfach unvorstellbar – I love me
drum prüfe, bevor man sich so radikalo bindet
daß man sich selber erst mal spitze findet
da lieb’ ich mich doch erst mal selber – I love me – I love me

Liebe ist wie ’n Kartenhaus
wenn’s together bricht, knockt mich das aus
und dann zählen sie: 7, 8, 9, 10
und ich denk’, ich kann niemals wieder aufstehn
nein, ich muß der Trumpf sein, die wichtigste Karte
auf der das alles steht
und die kann mir keiner wegziehn
indem er schmählich von mir geht

Da lieb’ ich mich doch erst mal selber – I love me
ich lieb’ mich einfach unvorstellbar – I love me
drum prüfe, bevor man sich so radikalo bindet
daß man sich selber erst mal spitze findet
da lieb’ ich mich doch erst mal selber – I love me – I love me
ja, der Trick ist, das begreif’ ich schnell
nicht hetero-, nicht homo-, sondern autosexuell
I love me – I love he

Familie Kabeljau

Herr und Frau Kabeljau glotzen Video und TV
ständig rappelt der Recorder
und die Pizza kommt per Fernsehorder
Kabelfernsehen - BTX - Computerspiele - 1000 Tricks
Pantoffelcockpit - Heimpiloten - das sind echte Videoten

Und das Söhnchen spielt so gerne
Krieg der Knöpfe - Krieg der Sterne
tüchtig süchtig - Atarie Junkie
voll verseuchtes kleines Kranki
und man sieht ihn auch vorm Testbild liegen
und sich ohne Grund vor Lachen biegen
und überhaupt, wie toll, denkt er, daß man
mit Computi besser spielen kann als mit Jan von nebenan

Familie Kabeljau glotzt die Nonstop-Schau
mit dem Vierkant-Auge im Gesicht
und die Erleuchtung im dunklen Flimmerlicht
Familie Kabeljau sieht die Horrorschau
mit dem Schlafwagenhirn und der Neandertalstirn
ja, an den Kabeln hängt der hohle Kopf
wie an einem Tropf

Und es sprach der Minister Dr. H.C. Kabelknister
von der schönen neuen Welt - keine Arbeit, trotzdem Geld
ja, der Microchip aus Taiwan macht die Arbeit dann
und wenn dann nix mehr zu tun is', fahr'n wir nach Tunis
wo wir in der Sonne sitzen und ganz locker um die Ecke schwitzen

Familie Kabeljau glotzt die Nonstop-Schau
mit dem Vierkant-Auge im Gesicht

und der Erleuchtung im dunklen Flimmerlicht
Familie Kabeljau sieht die Horrorschau
mit dem Schlafwagenhirn und der Neandertalstirn
die Hirne sind total verödet
macht ja nix, wenn man verblödet

Der große Frieden

Ein Ami in Alaska
sitzt an seinem Frühwarnkontrollschirm
plötzlich springt eine Filzlaus
heraus – aus seinem Blondschopf
und schon sitzt das Tierchen auf dem heiklen Knopf

Ein Russe sitzt in Murmansk
schwitzt an seinem Frühwarnkontrollschirm
und denkt: »Das ist das Ende«
nervös – zitternde Hände
kommt er – Ivan – an das rote Knöpfchen dran...

Und die schlanken Pershings fliegen
und die SS-20 im Nu
auf Paris – Köln – Moskau und auf New York City zu
es gab wohl keinen anderen Weg
den großen Frieden zu stiften
als die ganze Menschheit auszulöschen
und alles Leben endgültig zu vergiften

Sündenknall

Sündenknall

Früher war die ganze Welt
ein riesen Garten Eden
für Adam und für Evi und überhaupt für jeden
dann holte sie ihm einen runter
vom Baum der Sünde
einen Apfel, so süß
und er biß rein, das dumme Ding
so begann der Trouble im Paradies

Gott: Macht Euch die Erde untertan
Der Mensch: Ok, dann machen wir sie runter
fangen wir gleich mit an

(Collage – das Runtergemache der Erde)

Und nun haben wir den Salat
der Globus macht es nicht mehr lange
und das alles wegen so ’nem blöden Appel
und so ’ner albernen Klapperschlange

Und nun hängt Gott im Himmel rum
schmeißt sich ’n Trip rein

und flucht leise: Merde
und schielt runter und was sieht er:
Die Erschöpfung der Erde

1985 – die Menschheit dacht' sich:
Jetzt erschaffen wir Gott
Jetzt sind wir selber Gott

Totales Paradies

Der alte Mann mit dem weißen Bart
erschuf die 1. vermurkste Art
der neue Himmel ist das Gen-Labor
Top-Modelle aus dem Genie-Tresor
Perfekte Engel

Samenbank

Neulich riefen sie mich an
die Gen-Experten
man müsse meinen Samen
mal verwerten
immer nur verkleckern und verplempern
wahllos im ganzen Land:
Jetzt nehmen wir die Sache doch mal richtig
in Ihre shaky Hand
bitte rütteln Sie Ihre Erbmasse
in dieses Reagenzglas, in jene Samensammeltasse

Ich habe 'n Sperrkonto auf der Samenbank
'n Spermakonto auf der Samenbank
sie packen meine Sahne in den Panzerschrank
ich hab' 'n Spermakonto auf der Samenbank
- Schüttel - Schüttel - Schüttelscheck

Der Spermakontoführer reicht mich weiter
an den Chromosomendesigner und den Obereileiter
und sie sagen: Aber logo, für Ihren Samen
arrangieren wir 'n Rendezvous
mit den Zellen bester Damen -
Möchten Sie Ihr Kind genialisch intelell
konstruieren wir Ihnen das Albert-Einstein-Modell
oder 'n Musikgenie, von der Retorte geküßt
in dessen Kopf die Unvollendete schon vollendet ist

Spermakonto auf der Samenbank

Oder möchten Sie gerne mit sich selbst
in 'ner Wohngemeinschaft wohnen
dann lassen Sie sich doch einfach klonen -
Oder Sie gemixt mit der Queen
das gibt 'n Prolokönig für Berlin -
Oder Lady Di, die hat vielleicht ein Ei noch frei

Spermakonto auf der Samenbank
Jetzt haben wir Ihren Eierlikör bei uns im Panzerschrank
jetzt brauchen wir noch 'n paar Daten für die Datenbank!

Datenbank

Ich hab' 'n schönen neuen Identitätsausweis
mit 'ner großen Nummer, falls ich mal vergeß, wie ich heiß
so 'ne Nummer ist sehr praktisch und auch individuell
denn wenn du Schmidt heißt oder Müller zum Beispiel
verwechselt man dich schnell
und viele heißen Udo oder Dave oder Karl-Heinz
ne, da heiße ich doch lieber D - 471 81 61

Ich bin viel auf Reisen, hisch und husch auf großer Fahrt
auf 'm Flughafen zum Beispiel zück' ich meine ID-Card
der Hiwi schiebt das Ding 'rein, und der Computer, ja was tut er
er macht ratter, ratter, ratter
und da krieg' ich auch schon den Tatter
denn das Flugzeug macht schon knatter, knatter
und ich sag': Die Zeit wird knapp
Doch der Röntgologe liest die ganzen Daten erst noch ab
Ich sag': Bitte taken Sie's easy, man weiß doch, was das steht
daß die Republik an solchen Vögeln wie mir sowieso demnächst
zugrunde geht

D - 471 81 61

Dieser Mann ist zweifellos rätselhaft und dubios
er betreibt das Werk des Teufels und sät die schmutzige Saat des
Zweifels
verfassungsrechtlich ist er schwierig
und hygienisch äußerst schmierig
guckt ihn euch an, wie der schon rumläuft
und literweise Bier und Rum säuft

D - 471 81 61

Kriegt 'ne Menge Geld dafür, daß er noch nicht mal singen kann
(krächz-krächz)
besitzt die Frechheit, unverschämt – nimmt die Kohle auch noch an
macht die ganze Heimat mies,
schickt dem Kreml reichlich Kies
und vom Rest, da kauft er sich
einen Sahara-Wüstenstrich

D – 471 81 61

in der Sahara – was baut er sich da
'ne Rollschuhbahn aus purem Gold, damit sein Rollschuh besser rollt
Zieht den Hut immer ganz tief runter
hat vielleicht 'ne Knarre drunter
ist ein übler Wehrzersetzer
moskaugesteuerter Friedenshetzer
dieser Kerl ist doch eklig
diese strähnigen Fetthaare
nein, nein, nein
Meine Tochter hatte neulich Poster an der Wand
da hab' ich gesagt, runter, runter, runter
verbieten sollte man sowas!

Eltern warnen ihre Töchter
denn man weiß, mit jeder möcht' er (diese Sau – Sau – Sau)
doch sie warnen auch ihre Söhne
denn er findet die Söhne auch nicht öhne (arrogant und cool – völlig
schwul)
doch wie man hört, kann er nicht bumsen
wenn in New York die Aktien plumpsen
er fängt erst wieder an zu geigen
wenn die Kurse wieder steigen

D – 471 81 61

Wo legt er sein Vermögen an
bei der Hochzinsbank vom Vatikan
Der schickt doch ’n paar Millionen
an staatsfeindliche Organisationen
pfui, wahrscheinlich nimmt der auch noch Hasch
oder drückt der?
Das weiß ich nicht so genau
weil ich öffentliche Toiletten überhaupt nicht benutze
hat die Nase tief im Schnee
grüßt Leute von der DKP
er blamiert ganz Deutschland!

Fährt bekifft mit Wolfgang Neuss durch Ost-Berlin im Pink Rolls Royce
sagt: Weißte, ich bin neben Kohl Deutschlands größtes Sex-Idol
Er schickt mit teueren Nasa-Sonden seine Schweine-Texte und Hieroglyphen
zu den fernen Space-Bewohnern zum philosophischen überprüfen

Und das letzte: Unglaublich! Benennt ’ne ganze Stadt nach sich
im Allgäu besitzt er mit J.R. Flick ’ne Käsefabrik

Ekelhaft, widerlich, wann schickt man in den Osten Dich
D – 471 81 61
Sagt die Wahrheit ungeniert, ist am Arsche tätowiert

Smog Rock

Ich jogg' durch den Smog – Alarmstufe 3
Dröhnoxyd, das voll reinzieht – ich fühl' mich schon ganz high
Huste-Huste, aus der Puste – hin zu meiner Kleenen
da steht sie im Nebel, atemberaubend – fast hätt' ich sie nicht gesehen

Oh Baby, Baby, nimm die Gasmaske ab
Ich will dich küssen – Smog Smog
Oh Baby, Baby, nimm die Gasmaske ab
Ich will dich küssen – Smog Rock

Ich pack' sie in ein Taxi – das Taxi hat Air-condition
und 'ne Minibar mit Smog-Grog zum Erfrischen
Ey, du süße Nebelkrähe, du bist mein Sündenfall
komm, wir fahren in die Disco zum Smog 'n' Roll-Gasmaskenball

Oh Baby, Baby, nimm die Gasmaske ab
Ich will dich küssen – Smog Smog
Oh Baby, Baby, mach schnell, die Luft wird knapp
Ich will dich küssen – Smog Rock

Ein neues Gift liegt in der Luft – ist noch ungewohnt
Ein neuer Duft liegt in der Luft – ich fühl' mich völlig stoned
Komm, ich werde dir jetzt mal die Sterne zählen
ach ne, die sind ja nicht zu sehen
Ok, dann laß uns doch im Smogmondschein spazierengehen...
Hust, Hust

Oh Baby, Baby, zieh die Gasmaske runter
du hast so 'n süßen Knutschemund dadrunter
Oh Baby, Baby, kannst das Ding mal runternehmen
Ich möchte dir ein Lindenblütenküßchen geben
Knutsch - Knutsch

Helmut Owiewohl

Der Schatten Deines Lächelns
ist alles, was mir blieb
das Echo Deiner Worte:
Ich hab' Dich so lieb
Der Wecker hat mich wachgerattert
und Du bist wieder weggeflattert
entschwandest mit dem heißen Traum
Uuh - Uuh

Dein Name fing mit »H« an
dann »el« und »mut«
Du hattest kein' BH an
und ich war ohne Hut
nun sitzt Du wieder in der Schaumburg-Villa
und bist nicht nur ein Ladykiller
nein, auch für manchen Mann ein echter Thriller
Helmut Owiewohl - Mein Sex-Idol

Dieser Traum war wie ein süßer Trip
ich seh' Dich noch vor mir in Deinem Tanga-Slip
wie Du die Brille runterreißt
wie Du mir in die Lippen beißt

und grenzenloses Glück verheißt
in Deinem Märchenland

Es perlte Dir der Schweiß von Deiner Stirne
Dein Kuß, er war so fruchtig und schmeckte nach Birne
oh, ich leg' mich lieber wieder hin
weil ich zum Aufstehn jetzt zu traurig bin
Du gehst mir nicht mehr aus dem Sinn
Oh, Helmut und Dein Lächeln...

Nun sitzt Du wieder in der Schaumburg-Villa
und bist nicht nur ein Ladykiller
nein, auch für manchen Mann ein echter Thriller
Helmut Owiewohl - mein Sex-Idol

Bananenrepublik

Die American Fruit Company
machte mörderisch viel Money
Bananenplantagen - überall auf der Welt
containerweise Dollars - süchtig macht das Geld

Der Chef Dagobert Pic Mac guckt in den Atlas rein
fischkalte Augen - da quiekt er wie ein Schwein
da gibt's ja noch ein Land - daraus fließt noch kein Gewinn
da haben wir unsere Finger - die Finger noch nicht drin

Das Businesspalaver zog sich 'n bißchen hin
da wurde Pic Mac sauer: Was glauben die denn, wer ich bin...

Da kaufte er sich das ganze Land
mit Präsident und Parlament
mit allem, was dazugehört
damit keiner die Geschäfte stört – Bananenrepublik

Er kaufte sich das ganze Land
mit Polizei und Militär
und weg mit jedem, bitte sehr
der sagt, daß was nicht in Ordnung wär' – Bananenrepublik
Die Banane ist krumm, das ist doch klar
denn wenn die Banane gerade wär'
dann wär' sie keine Banane mehr

Weiße Strände – blauer Himmel
und die Tropensonne auch
und die kleinen schwarzen Kinder
haben 'nen dicken Bauch
Meine Peoples da unten sind happy
und wer sagt, daß das nicht so ist
ist ein lausiger Lügner und 'n dirty Kommunist
und sollten mal wieder 'n paar undankbare Typen revoltieren
tja, dann laß ich mich beschützen von meinen Offizieren

Er kaufte sich das ganze Land
mit Präsident und Parlament
mit allem, was dazugehört
damit keiner die Geschäfte stört – Bananenrepublik
Und jeden, dem es hier nicht paßt
den steck' ich easy in den Knast
ich mach' ihn stumm, ich leg' ihn um
und die Banane, sie bleibt krumm
denn wenn die Banane gerade wär'
dann wär' sie keine Banane mehr
und das bleibt auch so und damit Schluß
Bis zum Schuß, der kommen muß

Frau Lindi

Mitten im Konzert
plötzlich wird mir ganz schlapp
und ich knall' auf die Bretter
und ich denk', ich kratz ab
mir wird schwarz vor den Füßen
und ich denk', was is'n dieses
krieg' so'n Feeling, so'n unberuhigend todesnahes mieses

Sie kommen und holen mich ab – haha
mit Blaulicht und Tatütata
und der Doc setzt mir den Baldrianschuß
und er sagt: Wenn Sie so weitermachen, ist bald Schluß

Sie zerfetzen Ihre Nerven mit der ganzen Panik-Schau
und zum Ausgleich brauchen Sie 'ne solide Ehefrau
so mit Häuschen und Kamin und nach Möglichkeit im Grünen
aber bitte nicht so 'ne Chaos-Else
und drum verordne ich Ihnen:

Das Eheinstitut Dr. Schraube
bringt Sie sicher und schnell unter die Haube
und vermittelt Ihnen geschwindi
Frau Lindi – Frau Lindi

Ham' Se nich' – ham' Se nich' – ham' Se nich' 'ne Frau für mich?
Ja, ja, ja – Wir haben eine da!

Wie 'ne Mutter Morgana, wie 'ne Tochter, wie 'ne Schwester
und sie bläst die erste Geige im Panikorchester
Sizilianische Madonna, klosterclean und unberührt
die mich als reißender Vamp zehnmal täglich attackiert, yeah

Das Eheinstitut Dr. Schraube
bringt Sie sicher und schnell unter die Haube
und vermittelt Ihnen geschwindi
Frau Lindi - die maßgeschneiderte Frau Lindi

Auja, 'n Teenie mit Doktortitel
lila Strapse und darüber 'n weißer Kittel
Ja, sie müßte schon was verstehen von Medizin
denn ich hab' da so'n Jucken und ich hab' da so'n Zucken
und ich bin auch sonst nich ganz clean
Und sie müßte auch was verstehen von Psychologie
und dann zählt sie meine Macken durch
und fertig wird sie nie
Auja, und keine anderen Götter neben mir
und mit dreizehn Lindenzwergen dank' ich dafür
Und wenn ich meine anderen Frauen mit nach Hause bring'
was sagt sie dann:
Geil, ich gewinne neue Freundinnen, ich verlier' doch keinen Mann
Und wenn ich wieder zwölf Monate auf Maratour bin
dann strickt sie mit denen im Team
für den fertigen Lotterlurch ein nagelneues Nervenkostüm

Ja, wenn Sie so eine haben
im Falle eines Falles
rufen Sie mich an
so einfach ist das alles...

(Wain Suomesta voit lōytāā naisesi)

Wir rasen durch's Heute

Alle Bremsen versagen
totaler Speed, wenn Du mich küßt
unsere Pulsschläge jagen

Ist egal, was morgen ist
ich lieb' Dich zum Durchdrehen,
daß mein Herz fast verbrennt
komm, wir rasen durch's Heute
heut' gibt's nichts, was uns trennt

Klar, ich möcht' gern für immer
mit Dir zusammen sein
Baby, nichts wäre schlimmer
als ohne Dich und wieder allein
doch ich lass' mir von der Angst davor
Dich mal wieder zu verlieren
diesen Flash nicht zerstören
heute muß es passieren!

Der Tag X – ich hab' lange gewartet
und jetzt bis' Du da
Der Tag X – heut' wird im 5. Gang gestartet
für 'n Tag, für 'ne Woche, für 'n Monat, für 'n Jahr – egal

Du, wir sind nicht im Kino
das ist live, und live ist ohne Garantie
und die großen Hollywoodschwüre
kannste vergessen, die bringen's meistens nämlich nie
vielleicht ist unsere Liebe

wie 'n Komet, der schon morgen wieder verbrennt
komm, wie rasen durch's Heute
mit oder ohne Happy-End

Ich hab' lange gewartet
und jetzt bist Du da
Der Tag X - heut' wird im 5. Gang gestartet
für 'n Tag, für 'ne Woche, für 'n Monat, für 'n Jahr - egal

Phönix

In den Ruinen von Berlin . . .

In den Ruinen von Berlin
fangen die Blumen wieder an zu blühn
ihr Indianer, Arbeiter und Bauern
kommt, wir springen über alle Mauern

In den Ruinen von Berlin
Fangen die Blumen wieder an zu blühn
ein neuer Frühling, der beginnt
in den Ruinen von Berlin

Admidst the ruins of Berlin
trees are in bloom as they have never been
sometimes at night you feel in all your sorrow
a perfume as of a sweet tomorrow

dans le ruines de Berlin
il ya des fleurs qui renaissent enfin
na rujinach berlina
wnow' zwjety rostky puskajut

In den Ruinen

In den Ruinen von Berlin
fangen die Blumen wieder an zu blühn
ihr Indianer, Arbeiter und Bauern
kommt, wir springen über alle Mauern

That's when you realize at last
they won't return the phantoms of the past
a brandnew spring is to begin
out of the ruins of Berlin

Horizont

Wir war'n zwei Detektive
die Hüte tief im Gesicht
alle Straßen endlos
Barrikaden gab's für uns doch nicht
Du und ich, das war
einfach unschlagbar
ein Paar wie Blitz und Donner
und immer nur auf brennend heißer Spur

Wir war'n so richtig Freunde
für die Ewigkeit, war doch klar
haben die Wolken nicht gesehn
am Horizont – bis es dunkel war
und dann war's passiert
hab' es nicht kapiert
ging alles viel zu schnell
doch zwei wie wir, die dürfen sich nie verliern

Hinterm Horizont geht's weiter
ein neuer Tag
hinterm Horizont immer weiter
zusammen sind wir stark
das mit uns ging so tief rein
das kann nie zu Ende sein
sowas Großes geht nicht einfach so vorbei

Du und ich, das war einfach unschlagbar
ein Paar wie Blitz und Donner
zwei wie wir, die können sich nie verliern

Hinterm Horizont geht's weiter
ein neuer Tag
hinterm Horizont immer weiter
zusammen sind wir stark
das mit uns ging so tief rein
das kann nie zu Ende sein
denn zwei wie wir, die können sich nie verliern

Hinterm Horizont geht's weiter

Find' ich gut (Ede Ödelmann)

Find' ich gut
Find' ich gut

Wir woll'n das Hemd von Laprotz
und die Uhr von Swotz
von Pumidas die Schuhbidas

und egal was's kost', wir brauchen Bosst
es trägt ein jeder Penner schon
das neue Teil von Pennerton
Fritz of the Loom und Ritz of the Schlitz
und den Fummel von Espritz

Da geht Ede Odelmann
mit dem Edeltrödel an
find' ich gut – gut gut gut gut gut

Auch schon so mancher Scheich vom Nil
trägt auf der Brust das Krokodil
Früher stanken wir nach Salamander
heute duftet alles nach Dschillsanda
und Louis Karton
säuft nur noch Sekt von Mött Dschangdong – und zwar chinesisch
Ich als Prolo-Macko-Pohlo
und Frau Lutschi will Ferutschi
und was ich am meisten like
ist Mike the Nike
und Alässe, wat für'n Streß

Da geht Ede Odelmann
mit dem Edeltrödel an
find' ich gut – gut gut gut gut gut

Auch Boris hat sich schon bestellt
den goldenen Zopf von Laberfeld

Find' ich gut

Americans in Europe

Sie kommen aus New York
und auch aus Miami
sie kommen mit Geigerzähler
denn man weiß ja nie
sie kommen mit Pan Am
oder mit B-52's
und dann erstmal aufs Oktoberfest
fuck the terroristen-blues

Americans in Europe

Have a coffee with Ghaddafi
or a gin in Berlin

London und Paris
und das Schloß Neutranschwein
und warum ist es überhaupt
am Rhein so fine?
Von Cäsar bis nach Cäsium
das very alte Rom
der schiefe Turm von Pisa
und der Kölner Kondom

Americans in Europe

Have a coffee with Ghaddafi
Have a gin in Berlin
Have a ball at the wall

Americans in Europe

Ihr seid 'n echter Hammer
ihr seid 'n echter Hit
nur nehmt jetzt die Raketen doch
einfach wieder mit, yeah

Sternreise

Als wir uns damals trafen
hab' ich an nichts besonderes gedacht
vielleicht daß wir 'n bißchen probieren
einen Tag und eine Nacht
jetzt bin ich immer noch hier
bei Dir
völlig irritiert
weil sich das Gefühl nicht verliert

Jetzt bin ich immer noch hier
bei Dir
ja bleib' ich jetzt hier kleben
Für so'n ganzes Leben?
Oder jedenfalls bestimmt noch für sehr sehr lange

Die ersten Tage, ich kann's nicht beschreiben
ich sagte nur kühl: Trotzdem bleib' ich frei
wir jagen kurz zu den Sternen hoch
dann landen wir wieder
und sagen lachend: vorbei
Doch wir kamen nie zurück
von unserem Flug

niemals krieg' ich genug
von unserer Sternenreise

Jetzt bin ich immer noch hier
bei Dir
ja bleib' ich jetzt hier kleben
für so'n ganzes Leben?
Oder jedenfalls bestimmt noch für sehr sehr lange

Say no

We say no
say no

Laßt uns das tausendmal Gesagte
immer wieder sagen
damit es nicht einmal zuwenig gesagt wurde
laßt uns die Warnungen erneuern
und wenn sie schon wie Asche in unserem Mund sind
denn der Menschheit drohen Kriege
gegen welche die vergangenen wie armselige Versuche sind
und sie werden kommen ohne Zweifel
wenn denen, die sie in aller Öffentlichkeit vorbereiten
nicht die Hände zerschlagen werden

Say no
wenn sie kommen, um euch zu holen
say no
für ihr elendes Geschäft

Say no
wenn der Resignator sagt
Widerstand hätt' nichts gebracht
und der Krieg wär' nicht zuletzt
auch so 'ne Art Naturgesetz

Say no
Mutter, Frau und Braut
schrei es raus, schrei es laut
mein Mann, mein Sohn, nicht nochmal
in die Hand vom General

Say no
von Moskau bis Chicago
von Beirut bis nach Tokio
von Kairo bis nach London
von Frankfurt bis nach Ost-Berlin

Say no

Jonny Boxer

Bar Italia in Belfast
voll mit alten Boxerfans
schwarz-weiß Videos
Titelkämpfe, Blut und Schweiß
die großen Champs von früher
deren Namen keiner mehr weiß

Plötzlich Schüsse in der Nacht
Straßenfighter draußen an der Tür
Jonny Boxer steht auf und schreit sie nieder:
Wenn ihr schon glaubt, daß ihr Krieg braucht
dann überlaßt das Fighten mir

Oh Jonny
wieder steigst du in den Ring
dein Kampf ist hart und einsam
doch du mußt siegen
oh Jonny
du bleibst mein Boxerking
und ich hoff', daß sie dich niemals unterkriegen
oh Jonny

Jonnys Frau sagt: Laß es sein
du kannst die Welt nicht ändern
nicht du allein
doch Jonny will 'ne Welt für seinen Sohn
da soll das einzige Schlachtfeld
der Boxring sein

Oh Jonny
wieder steigst du in den Ring
dein Kampf ist hart und einsam
doch du mußt siegen
oh Jonny
du bleibst mein Boxerking
und niemals dürfen sie dich unterkriegen
oh Jonny

Für Barry McGuigan, den irischen Box-Champion

Und darum lieb' ich dich noch mehr

Christlich-soziales Gas, Weihwasserwerfer
und die Polizei schießt immer schärfer
kommst nach Haus, wilde Wut
geballte Faust, geronnenes Blut
ja, die Polizei schießt immer schärfer
solange noch ein Mensch verhungern muß
und sinnlos stirbt
wirst du weiterkämpfen
und macht man's dir auch noch so schwer

Und darum lieb' ich dich
und darum lieb' ich dich noch mehr

Gummigeschosse, du im Visier, Polizeikontrollen
Hubschrauber dröhnen, Panzer rollen
du bleibst cool, beherrschst deinen Zorn
eine falsche Bewegung, ein Schritt nach vorn
das ist das, was sie wollen
solange noch ein Unrecht totgeschwiegen wird
und du die Wahrheit sagst
und schreist
damit man dich auch hör'

Und darum lieb' ich dich
und darum lieb' ich dich noch mehr

Solange sie dein Land zum Waffenlager machen
und du spürst: Ich kann nicht leben, wenn ich mich nicht wehr'

Und darum lieb' ich dich
und darum lieb' ich dich noch mehr

Spion

Er war ein Top-Spion
aus der Sowjetunion
ein Mister Stasinov
ein enger Freund von Gorbatschow
immer geheim
und in der Nacht . . . allein

Und auch beim CIA
war er der Top-Agent
und keiner wußte nichts
nicht mal der US-President
immer geheim
und in der Nacht . . . allein

Mikrofilme und Sensoren
sowohl unter der Perücke
als auch hinter den Ohren
von Rio bis nach Leningrad
alles nur Hochverrat

In einer Bar in Wien
da sah er ihr Gesicht
er stand im kalten Schatten
und sie im heißen Licht
immer geheim
und in der Nacht . . . allein

Er war der Mann im Schatten
sie war die Frau im Licht
er kannte alle Codes
doch ihr Geheimnis kannte er nicht

immer geheim
und in der Nacht . . . allein

Er war der Mann, der aus der Kälte kam
in die Sonne ging und Feuer fing

Immer geheim
und in der Nacht . . . allein

Radio Eriwan

Moskau

Neulich sah ich irgendwo von Prince ’n Video
dagegen tanz’ ich echt noch’n bißchen schlapp
also fahre ich nach Moskau zum Bolschoi Ballett und so
und Nurejew wird mein Chef, und dann geht’s ab

Moskau ist ’ne Wahnsinns Hully Gully Stadt
die mir wie ein Hammer an die Mütze fliegt
und Olga von der Wolga schwebt über’n Roten Platz
bis die Sichel sich verbiegt

Olga Primaballerina nahm mich mit nach Haus
und tanzte mir den sterbenden Schwan
und dann zog sie mich nett aufs Zarenbett
und fing an mich auszuziehen
und sagt: Towarischtsch, mach mir den Rasputin

Dann sind wir mit den Genossen durch die Kneipen geschossen
der Wodka war stark, nachts im Gorki Park
und wie sie mich küßte, wie Olga mich küßte
mich Kapitalist, Imperialist – uh, wenn das Lenin wüßte

Dann besuchten wir im Séparée die Jungs vom KGB
und Radio Eriwahn spielt' Panik Rock
und die Nacht war lang und heiß im Sputnik Underground Café
und immer wieder: Rock den Kasatschok

Moskau ist 'ne Wahnsinns Hully Gully Stadt
die mir wie ein Hammer an die Mütze fliegt
und Olga von der Wolga schwebt über'n Roten Platz
bis die Sichel sich verbiegt

Moskau ist 'n Hammer, Hully Gully Stadt
New York, London, Tokio ist out
und Olga von der Wolga schwebt über'n Roten Platz
Meine Primaballerina – meine süße Sowjetbraut

Messer

Wie 'n Planet
um dich rum
herumkreisen
hab' gedacht
du die Sonne
meine Sonne
hell und warm
und nie Nacht
hinter meinem Horizont
nur 'ne steile Absturzwand
ohne dich
geht's nicht weiter

alles Ende
Niemandsland

Und du sagtest:
Es wird immer alles nur noch besser
und ich rannte voll ins Messer

Telefon
keine Antwort
ich am Durchdreh'n
du nicht da
Ich auf Horror
ich in Panik
nur Generve
'n halbes Jahr
denn Planeten
ohne Sonne
sie erlöschen
kalt und tot
geh'n verloren
geh'n unter
und kein Morgenrot

Und ich sag dir:
Es wird alles immer nur noch besser
nie wieder renn' ich voll ins Messer

Ich bin selber die Sonne jetzt
die durch die Himmel fetzt

Germans

Germans – go out ridin' with their ladies
Germans – in their elegant Mercedes
Germans – have a country that is scenic
Germans – drive from Hamburg down to Munich

Germans – like Fritz and Franz and Edeltraut
Germans – they eat a lot of sauerkraut
Germans – they like pretzels with their wurst
Germans – they drink beer until they burst

They say »Guten Tag« and they say »Auf Wiedersehen«
They race down the autobahn through acid rain
They take lots of Deutsch Marks right out of their pockets
To buy Russian vodka and American rockets

Germans – gave you Goethe, Mann and Schiller
Germans – and Franz Kafka was a thriller
Germans – brought you Mozart, Bach and Schumann
Germans – they're a little superhuman

Germans – have respect for law and order
Germans – live on both sides of the border
Germans – in Berlin they have a wall
Germans – for playing tennis it's too tall

The blond German fräuleins are pretty, but vain
You say »Guten Tag« and they say »Auf Wiedersehen«
They're very hard workers, from Monday to Friday
Make love on the weekends, and yodel like Heidi

Jawohl – living in Germany is very nice
We're masters of war, we've tried it twice
And now we're standby for World War III –
Prost und Auf Wiedersehen, Germany

Polyesterliebe

Sie stand da mit ihren Schwestern bei C + H im Fenster
und meistens trug sie Kleider mit Preisschildern dran
und sie dachte, Menschen sind sonderbar
wie galaktische Gespenster
und sie sah sich den ganzen Tag diesen Zirkus da draußen an

Dicke Omis mit Plastiktüten und Atemnot
preßten ihre Nasen ans Schaufensterglas
die meisten Wesen rannten hektisch vorbei
ab und zu hielt mal ein Hund an
hob das Bein und machte die schöne Scheibe naß

So stand sie da in ihrem Fummel
im Schein des Neonlichts
und bald fand sie den Job sehr blöde
und die Kolleginnen sagten nichts

Ihr Polyesterherz war voller Schmerz
und sie wollte zurück in die Puppenfabrik
oder irgendwohin, da sah sie ihn
er verlor sich in ihren Augen, er träumte auf ihrem Gesicht
ihr schickes Kleid, wie komisch, beachtete er nicht

Er war ein alter Mann, sehr traurig
doch sein Blick war tief und schön
und sie merkte, es fiel ihm schwer, einfach weiterzugehen ...

Am Abend war die Innenstadt dreckig und tot und rauh
Zeitungsfetzen im Wind, und plötzlich war er wieder da
ob sie ihn vielleicht erinnerte an eine Menschenfrau
mit der er früher mal sehr glücklich gewesen war?

Sie trafen sich, sie liebten sich
doch immer nur in der Nacht
denn ihr Schaufensterpuppendienst
begann morgens, immer so gegen acht

Russen

In 15 Minuten sind die Russen auf dem Kurfürstendamm
In 15 Minuten sind die Russen auf dem Kurfürstendamm
sie lassen ihre Panzer im Parkhaus stehn
und wollen im Café Kranzler die Sahnetörtchen sehn
in 15 Minuten sind die Russen auf dem Kurfürstendamm

Sie kommen uns besuchen, einfach nur mal so
auf Kaffeechen und Kuchen und 'n Fläschchen Pikkolo
ein Wessi spricht: Ey, vergessen Sie nicht
der Russe, der ist schlecht!
Ich frag': Welcher denn? Das sind doch mehrere –
Tja, da hätt' ich ja nun auch wieder recht ...

In 15 Minuten sind die Russen auf dem Kurfürstendamm

Sie bringen auch Geschenke mit
für die Mädels und für die Freier
Kaviar und Wodka und russische Eier
das KaDeWe wird Partysitz vom KGB
und das Politbüro am Bahnhof Zoo
wird Separée mit 'ner feschen Lola auf dem Kanapee

In 15 Minuten sind die Russen auf dem Kurfürstendamm
sie lassen ihre Panzer im Parkhaus stehn
und wollen im Café Kranzler die Sahnetörtchen sehn
in 15 Minuten sind die Russen auf dem Kurfürstendamm

Ein junger Rotarmist ist von den Fraun hier sehr fasziniert
worauf er mal ganz locker eben easy desertiert
nun sitzt er mit 'nem Berliner Kindel im dicken Daimlerschlitten
und knabbert ganz verträumt an süßen Nougatschnitten
und überhaupt ist alles »Volle Sahne«
weil man sich so prima versteht
und die Russen sind ja gar nicht so
wie immer in der Zeitung steht
und die Leute schleppen was zu saufen ran
und sie ballern sich einen rein
und mit den leeren Flaschen schmeißen die Russen
unsere schöne Mauer ein ...

In 15 Minuten sind die Russen auf dem Kurfürstendamm

Feuerland

Der Generalsekretär

Ich geh' über sieben Berge
und über sieben Brücken
und hüpf' noch kurz durchs Minenfeld
und dann bin ich auch schon da
in der jungen Welt
und dann komm' ich ganz rasant
mit einem Trabant
in die Hauptstadt eingefahr'n
und da hat Erich dann die Lederjacke an

Und ich denk' –
was ist 'n nun
ist ja richtig Honeymoon
von Rügen bis zum Thüringerwald
und es wird zu jedem Bierchen
ein Glast Nost reingeknallt
und sie feiern ihren Staatschef
auf den sie ja nun alle gnadenlos abfahr'n
und das ist Erich mit der Lederjacke an

Es war einmal ein Generalsekretär
der liebte den Rock 'n Roll so sehr

Gitarren statt Knarren
und locker
so wie ein Rocker
der Staatsratsmeister sprach zum ZK
nichts wird mehr so sein
wie es mal war
von morgens bis abends ertöhnt die Schalmei
und dann stoß' ich ihn aus –
den Indianerschrei

By, denk doch mal an früher
deutscher Nazi-Horror
absolut brutal
beknackstes Volk der Krieger
mit KZs von Paris bis zum Ural
Honey sagt: »Von deutschem Boden
darf nie wieder Krieg, sondern nur noch Frieden ausgehn
ob wir nun diesseits oder jenseits der Mauer stehn«
– und die muß auch noch weg –

Es war einmal ein Generalsekretär . . .

Ich lieb' dich überhaupt nicht mehr

Es tut mir nicht mehr weh – endlich nicht mehr weh
wenn ich dich zufällig mal wiederseh'
es ist mir egal, so was von egal
und mein Puls geht ganz normal
mußt nicht glauben, daß ich ohne dich nicht klarkomm'
ich komm' sehr gut zurecht

kannst' ruhig glauben, all die anderen Frauen
die sind auch nicht schlecht

Ich lieb' dich überhaupt nicht mehr
das ist aus, vorbei und lange her
endlich geht's mir wieder gut
und ich hab' jede Menge Mut
und ich steh' da richtig drüber

Den Fernseher, den ich eingetreten hab',
hat die Versicherung voll bezahlt
die Wohnung sieht jetzt anders aus
nichts erinnert mehr an dich
ich hab' alles knallbunt angemalt
nur, wenn ich manchmal nachts nicht schlafen kann
geh' ich in die Kneipe und sauf' mir einen an
was redest du, da wär' so 'ne Trauer in meinem Gesicht
was für'n Quatsch –
das ist doch nur das Kneipenlicht

Ich lieb' dich überhaupt nicht mehr
das ist aus, vorbei und lange her

Guck mich bitte nicht mehr so an
faß mich bitte nicht mehr so an
das zieht bei mir nicht mehr
geh doch einfach weiter
hat doch keinen Zweck
ey, du weißt doch
sonst komm' ich da niemals drüber weg
ich komm' da niemals drüber weg

Der Indische Ozean

Liebe ist Aufstand gegen den Tod
und daß alles so vergänglich ist
ich sehe das ewige Morgenrot
wenn dein heißer Mund mich küßt
Liebe ist absolut unbescheiden
und begnügt sich nicht mit dem Heute
sie fordert nach Morgen und Übermorgen
jedenfalls für manche Leute
für mich – für dich?

Wir fahr'n, wir fahr'n
auf dem Indischen Ozean

Noch schleudern wir den Anker
noch machen wir nicht fest
solange uns Poseidon nicht untergehen läßt
Ahoi! Ahoi!

Wir fahren und kämpfen gegen das Unrecht
und was macht ihr – ihr da am Kai
ihr seid die stumme Armee
das schweigende Meer
und wir fahr'n dran vorbei
Wir fahren durch die schwärzesten Zeiten
und durch die tiefste Nacht
und neue Stürme werden von uns immer wieder entfacht

Wir fahr'n wir fahr'n
auf dem Indischen Ozean

Noch schleudern wir den Anker
noch machen wir nicht fest
solange uns Poseidon nicht untergehen läßt
wir fahren raus auf's weite Meer
durch Nebel und Taifun
es kann ein radikales Herz
nicht halbe Sachen tun
Ahoi! Ahoi!

Wir fahr'n, wir fahr'n . . .

Wie 'n alter Freund

Ständig unterwegs, ist egal wohin
mein Zuhause, das ist da, wo ich gerade bin
bin der Wanderer, der vorübergeht
bin der Sturm, der kommt und weiterweht
ich bin immer nur so rumgestreunt
plötzlich kamst du aus dem Regen
wie ein alter Freund
aus dem Regen –
so wie ein alter Freund

Und nun steh' ich hier
und krieg' weiche Knie
ich muß es dir jetzt sagen
doch ich weiß nicht wie
ist ja schließlich so, daß ich nicht jeden Tag
nach dem großen Hallelujah für immer frag'
nein das ist kein Spruch

und ich kann dir schwören
hab' das nie gekannt
so richtig irgendwo hingehören
da kamst du aus dem Regen wie ein alter Freund

Durch die Städte jagen
und keiner weiß wohin
leere Straßen, außer Atem
bis ich bei dir bin
mit allen andern, die vor dir waren
hab' ich doch immer nur dich gemeint
dann kamst du aus dem Regen
so wie ein alter Freund

Eine Stadt (Billie's Bounce)

Eine Stadt haben sie ausgelöscht
irgendwo ging das Ding hoch
eine Stadt haben sie ausgelöscht
irgendwo ging so'n Ding hoch

Japan – China – USA
ich weiß nicht mehr genau, wo das war
ich hab's vorhin gehört im Radio
so nebenbei – so undeutlich – irgendwo
eine Stadt haben sie ausgelöscht

Frankreich – England – Australia
ich weiß nicht mehr genau, wo das war
dann kam's auch noch auf Kanal Zwo

so nebenbei - so undeutlich - irgendwo
eine Stadt haben sie ausgelöscht

Merry go round, merry go round
and the summer has just begun

Ein Kommen und Gehen

Auf dem Bahnsteig des Lebens
fahren die Züge ein
Die eine steigt aus
und die soll's für immer sein
Auf dem Bahnsteig des Lebens
fahren die Züge wieder los
Tränen auf den Schienen
die Liebe war so groß

Ein Kommen und Gehen, ein Kommen und Gehen
mit dem Koffer in der Hand
und war es auch noch so schön
ein Kommen und Gehn, ein Kommen und Gehn
bis die Eine kommt, die mich umhaut
wie ein Orkan, wie'n Orkan
so wie du

Züge fahren weiter
ich versteh' die Welt nicht mehr
sie winkt noch kurz am Fenster
und ich heule mir die Seele leer . . .
Das ist das Ende, doch ein Freund sagt:

Du weißt doch ganz genau
mit dem nächsten Zug, der einfährt,
kommt schon wieder
eine andere Frau

Ein Kommen und Gehen, ein Kommen und Gehen
mit dem Koffer in der Hand
und war es auch noch so schön
ein Kommen und Gehn, ein Kommen und Gehn
bis die Eine kommt, die mich umhaut
so wie du

98 Luftballons

Hast du etwas Zeit für mich
ohne Gummi mach' ich's nicht
nur mit 98 Luftballons
Blausygel und auch Fronques

Ich geh' sehr gern mit dir ins Bett
aber bitte kein russisches Roulette
ich möcht' so gern noch weiterleben
und darum sage ich dir eben

Hast du etwas Zeit . . .

Ich geh' sehr gern mit dir ins Bett
aber bitte kein russisches Roulette
ich möcht' so gern noch weiterleben
und darum 98 Lustballons

Hast du etwas Zeit für mich
ohne Gummi mach' ich's nicht
nur mit 98 Luftballons
blau Londons short and long

Tigerauge, du schaust mich an
ich war ein schlafender Vulkan
Lava aus der Unterwelt
und ein weißer Regen fällt

Rhythm-a-Ning (Raubtier)

Was machst denn du mit mir
was machst denn du mit mir
ich bin doch sonst ein Mensch
jetzt fühl' ich mich wie'n Raubtier

Ich beiß dir in das weiße Fleisch
weiß gar nicht mehr, wie ich heiß
du machst mich zum Raubtier

Hermine

Hermine

Es fährt
ein Schnellzug nach Berlin
und da sitzt sie ganz alleine
Ums Herz ist ihr ein bißchen bang
und die Reise ist so lang
1930 – Hermine ist ihr Name
Sie ist aus Gronau, eine kleine Stadt
in der man viele Träume hat

Und ihre Augen sind groß
und der Kopf ist ganz wirr
die Lichter von Berlin, die zeigen ihr:
arme Gesichter und noble Fratzen
stoßen und fallen und suchen und hetzen ...

Sie geht über helle Straßen
die Großstadt blendet ihr Gesicht
Sie schaut in hohe Säle
Tangotänzer in blauem Licht
An den Bars schlaue Männer
und mondän maskierte Frauen
Niemals hätte sie gedacht
daß das schöne Leben so einsam macht

Und ihre Augen sind groß
und der Kopf ist ganz wirr
die Lichter von Berlin, die zeigen dir:
arme Gesichter und noble Fratzen
stoßen und fallen und suchen und hetzen . . .

ZWISCHENSPIEL:
der Zug, der Bahnhof
Potsdamer Platz, Friedrichstraße
rasante Tanzorchester
Türen schwingen auf und zu
nasser Asphalt

Sie möcht' so gerne leben
Sie möcht' so gerne lachen
Mit dem Koffer in hand
steht sie vorm VATERLAND

»Det is nur wat für die Fremden . . .
Meechen, komm mit
anderswo is deen Glick«

Sein Haar glänzt schwarz
die Augen sind ganz wach
»Gustav heeß ick –
und det, det is dein Tach«

Bremerhaven

Das große Schiff
legt ab vom Kai
Das Emigrantenschiff
und Hermine . . .
Hermine
ist dabei
Ein letzter Blick
ein letzter Blick zurück
auf ihr Land
Deutschland
verschwindet
hinter
einer
Nebelwand

Die Klavierlehrerin

Als ich ein kleiner Junge war
da fragte ich meine Mama:
»Wie wird man ein Musikgenie?«
Sie sagte: »Ohne Übung nie.«

»Am besten wär's, mein liebes Kind
du lernst das Tastenspiel geschwind . . .«
Ein Päckchen Noten schenkt' sie mir
»Jetzt gehe hin und lern Klavier!«
Und schickte mich dann da so hin –
zu der Klavierlehrerin

Sie war so groß, war so barock
ganz breit der Arsch
ganz kurz der Rock

Girls:
(Her thighs were fat and white and bare
Her twitching legs came up to here)

Dann nahm sie meine Fin-hin-ger
und führte sie hier und da so hin

Girls:
(And then she took his fi-hin-ger
And moved it here and there and then)

Meine Klavier-lehe-rerin

Nach der Etüde
waren wir so müde
Und dann beim hohen C
tat es wirklich ein bißchen weh

Am besten war's beim tiefen H
da war's ganz einfach wunderbar
Mit feuchter Hose kam ich dann
zuhaus bei meiner Mutter an.
Sie sprach: »Da gehst mir nicht mehr hin –
zu dieser Klavierlehrerin.«

Sie war so groß, war so barock ...

RAP
Please teach me ... please, release
my body – don't preach me ...
Kleine Augen ... Feuchte Hose ...
so kam ich zuhaus bei meiner
Mutter an ... und sie sagt: »Da gehst
mir nicht mehr hin ... zu der
Klavierlehrerin« ... Use my body
as your keyboard ...«

Casa Nova

Dirty Old Man

Als ich noch
ein kleiner Knilch war,
stand ich immer
an der Milchbar
Dachte nach
über Pubertät
und hab' mich so gewundert,
daß das Ding da
plötzlich steht . . .

Dann ging ich schnell
wie auf heißen Kohlen
nach Haus
um mir einen runterzu . . . (Zensur!)
Und träumte
von 'nem flotten Dreier
Dabei wußte ich kaum
wie'n Einer geht:
als man noch jung war

Girls:
. . . when we was younger

Und Samstagabend
durfte man ausgehn!
Man wollte
'n bißchen lecker aussehn
Man drückte sich die Pickel aus
und sah so aus wie Peter Kraus

Und stundenlang
vorm Spiegel schwitzen
weil: Die Frisur
sie wollt' nicht richtig sitzen
Und was für'n Streß:
Was nimmt man heut' für 'n T-Shirt?
Man war so verstört

oh Gott,
war man verstört –
als man noch jung war

Girls:
. . . when he was younger

Now he's a dirty
dirty
dirty Old Man
– what a beauty
beauty
beautiful dirty old man

He's a proud dirty old man
outrageous
extraordinary
dirty dirty old man

He's a real fruitcake . . .

Nun kommt man
langsam
in die Jährchen –
verliert das eine
oder andere Härchen
Trägt die Frisur
jetzt in Scheibletten
Braucht ab und zu schon mal Potenztabletten

Doch trotzdem
werden die Zeiten jetzt immer toller
Dolce Vita – je oller, je doller
schöne junge Frauen
und Champagner jede Nacht
ja, so 'n älterer Herr
ist schon sehr gefragt
. . . viel gefragter als damals

Girls:
. . . when he was younger

Now he's a dirty . . .

Airport (Dich wiedersehn . . .)

Ich bin wieder zuhause
und was ich auch mache –
ich denk' immer nur nur
an dich

Nein, ich hab' nicht gewußt,
daß das alles so stark ist –
und irgendwie
verfolgt es mich

Und jetzt bin ich total perplex:
Dein Gesicht und dein süßer Sex
läßt mich einfach nicht mehr in Ruh
und ich vermiß dich . . .

Wir ganz locker am Airport
und ich sag' ganz leger:
»Eh, man sieht sich wieder –
vielleicht nächstes Jahr . . .«

Doch dann später im Flieger
wurd' das Herz mir so schwer
und es wurd' mir klar –
daß es viel mehr war . . .

. . . als nur so'n kleiner Flirt am Rand –
als nur 'ne schnelle Romanze am Strand
Ist alles erst ein paar Stunden her
und schon vermiß ich dich
so sehr

Dich wiedersehn
Dich wiedersehn
ganz schnell wiedersehn
bitte einmal noch
und dann immer wieder

Und jetzt bin ich total perplex:
Dein Gesicht und dein süßer Sex
läßt mich einfach nicht mehr in Ruh –
und ich vermiß dich . . .

Dich wiedersehn . . .

Dich wiedersehn
Hab' nicht mal 'n Foto von dir

Dich wiedersehn
Ich Idiot – ich vermiß dich

Dich wiedersehn
Hätt' ich doch gleich merken können
wer du bist

Dich wiedersehn

Bite einmal noch
und dann immer wieder . . .

Eifersucht

Ich sitz' am Telefon
seit Stunden schon
und warte auf dich
Warum rufst mich nicht an?
Warum kommst nicht nach Haus?
So langsam
wird das jetzt zuviel für mich

Ich hab' schon mal gedacht
meine Liebe ist zu groß
Jetzt lauf' ich hier Amok
und weiß nicht, was ist los

Ich sitz' am Telefon
seit Stunden schon
und warte auf dich . . .

Da –
Licht im Treppenhaus!
Schon wieder aus . . .
. . . war bloß nebenan
Und im Fernseh'n
gibt's Küsse auf jedem Kanal
Vielleicht küßt du gerade
'n andern Mann?

Oder hatt'st du vielleicht
'n Unfall –
mit'm Auto oder so?
Ich weiß nicht, was hier läuft
und ich fühl' mich so k. o.

Ich sitz' am Telefon
seit Stunden schon . . .

Das ist mir bisher noch nie passiert
Sonst war ich immer der Typ, auf den gewartet wird
Der mit 'nem kessen Spruch
und mit entwaffnendem Blick
morgens an der Tür stand
von 'ner schnellen Jagd zurück . . .
Und der einfach sagt:
»War doch nur 'ne Nacht . . .
Bin wieder da!
Alles klar?«

Bist du vom KGB . . .?

Wir trafen uns im Park-Café
Ich hätt' dich beinah nicht geseh'n
Man kennt die schönen, scheuen Frau'n
Die gern in dunklen Ecken stehn

Ich denk', ich geh' mal rüber
. . . Ist die toll?!
Und sprech' mit ihr mal drüber
wie das jetzt mit uns laufen soll?

Bist du vom KGB
oder vom MAD
oder vom CIA?
Man weiß es nicht genau . . .

geheimnisvolle Frau ...
weil du so cool bist ...

Prinzessin Eisenherz
im dunkelroten Licht
Komm, nimm die Maske ab
und zeig mir dein Gesicht
jetzt wirst du wachgeküßt –
weil du so cool bist ...

Umgeben von Spionen
die stehn da rum des Nachts um vier
Ganz coole Oberservanten
die schweigen nur
– und trinken Bier

Doch darunter, das ist klar,
ein großes Herz voll Sehnsucht
und nun bin ich endlich da,
ja

Bist du vom KGB ...

RAP
Bist vom KGB oder vom CIA oder
BK ... A .. A ... oder BND ...? Hier
weiß ja keiner mehr Bescheid ...
weil du so cool bist ... Vielleicht bin
ich vom TIA oder DLRG, DGB, MIS,
CIA, FBI ...

Wenn du mein Kind wärst

Wenn du mein Kind wärst
würd' ich dich tragen
auf meinen Schultern
den ganzen Tag

Wir würden lachend
den Strand entlang jagen
bis ich absolut
keine Luft mehr hab'

Dann krabbeln wir beide
die Dünen hoch
und dann gibt's noch
'ne große Brause

Deine kleinen Hände
in meiner Hand . . .
und dann hüpfen wir
glücklich nach Hause

Und wärst du meine Schwester
und ich 'n bißchen größer
ich würd' dich beschützen
ganz ritterlich

Vor allen den Bösen
die dir was wollen
Dann haben die Respekt
und wehe nicht . . .

Ich würd' dir erzählen
von der großen Welt
und dann fahren wir zusammen
da hin

Ja, wir wär'n zwei so richtige Stadtindianer
und ich sag dir,
wie stolz ich auf dich bin

Und wärst du meine Mutter
dann hätt ich jemand
der auf mich achtet
so ab und zu
Würdest öfter mal sagen:
Ja, muß das denn sein?
Muß man denn wirklich
so'n verrückter Hund sein wie du?

Und wenn ich mal durchhäng'
nimmst mich in den Arm
Und was dann hilft
das weißte ganz genau . . .
Und du würdest mir verzeihn
immer wieder verzeihn
immer wieder verzeihn
auch wenn ich noch so 'ne große Scheiße bau

Du bist das alles
alles für mich
und darum
lieb' ich dich so sehr

Dann krabbeln wir beide
die Dünen hoch
und dann gibt's noch
'n großes Eis

Deine kleinen Hände
in meiner Hand . . .
dann muß ich wieder los –
deine Tränen sind heiß . . .

Du bist alles
alles für mich
und darum sag' ich:
Ohne dich
könnt' ich zwar leben
aber nicht so richtig . . .

Frauen

Kennst du das auch?
Für 'ne Sekunde
siehst du SIE
und rastest aus

Sie ist eine von den großen Zauberinnen
und dein Herz macht
Bumbidumbidibububum
Wat'n Gefühl!
Schon taucht sie unter im Großstadtgewühl
Und du denkst:

Muß das denn sein?
So ein Frust?
Dabei hätt'st du auf sie nun gerad' so eine Lust

FRAUEN
denkt ein jeder Mann
SCHADE
daß man sie nicht alle lieben kann
FRAUEN
denkt ein jeder Mann
SCHADE
daß man sie nicht alle haben kann
Es ist wie beim Roulette
C'est la vie
Alle Nummern auf einmal
gewinnst du nie
Du setzt auf die eine
die andern passé
das tut weh –
das tut so weh . . .

Und stell dir mal vor:
Du wärst gebor'n mit
Mandelaugen und gelben Ohr'n
Irgendwo in China
Uh – was gibt's da Frauen!
Uh – was gibt's da Frauen!
Oder irgendwo am Bosporus,
wo du ohnmächtig wirst
von jedem Kuß
Du kriegst
vom türkischen Honigweib
mit dem Munde gemalt
auf den nackten Leib:

FRAUEN . . .

SEXIST RAP
. . . und ich hielt sie fest in Budapest
. . . die Oberhammerfrau aus Oberammergau
. . . und in Gummersbach sagte sie: ACH ACH ACH
. . . und am Taj Mahal sagte sie: NOCH EINMAL . . .
. . . ja, und in Malmö-Nord, da lief es auch sofort . . .
. . . und Miss Austria, die's dann doch nicht war . . .
. . . schnell nach London dann, da liegt nun gar nichts an . . .
. . . zu kurz in New York City, – what a pity . . .

FRAUEN

WOMEN WOMEN

WE WANT WOMEN

Vapo

Ich wohn' in Berlin direkt an der Mauer
in einer grauen Mietsmansarde
Ich wach' mittags auf und schlecke zum Frühstück
einen Eimer Brombeermarmelade
Ich klecker' mich voll
und leck' es mir ab
und spür' das Verlagen:
Es kommt schon wieder
Ich öffne das Fenster
und schau auf den Mann
den Mann meiner Sehnsucht nieder

Da steht er
so stolz und stramm
von Kopf bis Fuß ein ganzer Herr
Sein aufgerecktes Bajonett
ist leider nur
ein Schießgewehr

Ich stell' mir vor,
daß er die Knarre runterreißt
und in den Gulli schmeißt
– daß er mich nimmt
ganz liebevoll nimmt
und mir
in die Lippen beißt

Oh, du mein süßer kleiner Vopo
mit deinem süßen kleinen Popo
Ich liebe dich ja soso
Ich liebe dich so . . .

Goodbye Sailor

Ein letztes Ahoi!
Ich muß fort
Die andern
warten schon an Bord
Eine wirklich schöne Zeit mit dir
bleibt ganz tief in mir

Jetzt steh'n wir hier
schwer bemüht
daß der andere keine Träne sieht
Doch weißt du, was das Größte ist
daß du wirklich mein bester Freund geworden bist

Wenn der Wind mich jetzt auch weiterweht
auf das große Meer hinaus
mußt du wissen, daß es mit uns weitergeht
Sowas kriegst du nie wieder
aus'm Herzen heraus
Wenn die Zeit auch hart wird und sehr schwer
dann verlier'n wir nicht den Mut
Denn so'n Sailor bleibt nicht ewig auf dem Meer
Nein, nach der Ebbe kommt die nächste große Flut

. . . jetzt steh'n wir hier
schwer bemüht
daß der andere die großen Tränen nicht sieht
Doch weißt du, was das Größte ist
Daß du echt mein bester Freund geworden bist

Goodbye Sailor
Goodbye Sailor
Sailor Goodbye

Locker vom Hocker

Ich will dich haben

Du bist die schärfste Frau der Welt
sowas wie dich hatt ich immer schon bestellt
Jetzt bist du da – doch so cool, daß ich frier
Der Tag wird kommen, da wirst du schreien nach mir
Du wirst erbleichen – wenn ich dich dann krieg
Erweichen – denn dein Schicksal bin ich
Ey mach hier nicht auf blind und zickig
Es kommt die Nacht und ich beglück dich

Ich will Dich haben für mich ganz allein
und wenn ein andrer kommt, hau ich dem eine rein
Ich will dich haben für mich allein
So ist es richtig – so muß es sein

Ich gestehe es gern – meine Damen und Herren
in dieser Hinsicht bin ich nicht so modern
Hab keine Lust – am Telefon zu sitzen
als Eifersuchtsaffe da stundenlang abzuschwitzen
Ich hasse das abgrundtief
Ich liebe es, nur exclusiv
1 000 Typen wollen mit dir die Tat
doch es gibt nur einen, der das Recht darauf hat

Ich will dich haben für mich ganz allein
und wenn ein andrer kommt, hau ich dem eine rein
Ich will dich haben für mich allein
so ist es richtig – so muß es sein
Und wenn du ehrlich bist – siehste das ein

Ich will dich haben für mich ganz allein
und wenn'n andrer kommt, hau ich dem eine rein
Ich will dich haben für mich allein
so ist es richtig – so muß es sein

Ali 2 (Naziland ist abgebrannt)

Ali, was haben die gemacht
du liegst da jetzt seit Tagen schon
auf der Intensivstation
Der Arzt sagt: Das war knapp
Ey, mach jetzt bloß nicht schlapp
Die sind zu sechs Mann auf dich los
warum denn bloß

Ali, was war das für'n Schock
die kennen dich doch gar nicht
und treten dir ins Gesicht
Diese kurzgeschorenen Brutalos
mit dem Messer in der Hand
Die kämpfen für's ewige Gestern
ihr Naziland ist abgebrannt

Ali, wir müssen da jetzt durch
und dann darf sowas nie wieder passiern
Will dich nicht verliern
Das mit uns muß weitergehn
und da darf keiner zwischenstehn
Diese kurzgeschorenen Brutalos
mit dem Messer in der Hand
Die müssen jetzt endlich begreifen
ihr Naziland ist abgebrannt

Einmal küssen und dann sterben

War ein kleiner Junge
wünschte mir so sehr
so 'n feuerrotes Auto
danach kommt gar nichts mehr

Als das Ding dann da war
Mann, war ich verknallt
doch nach ein paar Tagen schon
ließ es mich ziemlich kalt

Eh kennst du das? Wie einmal küssen und dann sterben
Weil danach nichts mehr kommen kann
Doch dann fängt schon wieder was ganz Neues an
Einmal küssen und dann sterben

Selbst nach der schärfsten Sensation
ist noch lange nicht Schluß - nein, da sehe ich schon
die nächste Wahnsinns-Dimension

Dann die erste Liebe
Mensch, hab ich gebrannt
Ich war sooo angetörnt
Nur noch im Fünfeck rumgerannt

Wir hatten große Zeiten
doch dann wurd es hart
Das Ende einer Liebe ist wie 'n Tod
aber auch ein neuer Start

Sie einmal küssen und dann sterben
weil danach nichts mehr kommen kann
Doch dann fängt schon wieder was ganz Neues an . . .

und irgendwann als alter Indianer
wenn ich denk, ich habs gecheckt
und den einzig richtigen Weg entdeckt

die Weisheit küssen und sterben
weil danach nichts mehr kommen kann
Doch dann fängt schon wieder was ganz Neues an
Einmal küssen und dann sterben ...

Renate von Stich

Ich komm nach Haus so gegen Acht
da wird der Fernseher erstmal angemacht
Es ist ganz kurz vor der Tagesschau
da seh ich sie wieder: meine Überfrau
Ich knöpf mir erstmal die Hose auf
dann nimmt das Schicksal seinen Lauf
Jetzt näher ran ans Flimmerbild
fang an zu schielen – ich werd ganz wild

Es wird vorm Fernseher rumgerutscht
es wird am Bildschirm rumgelutscht
es wird das Mädel durchgeknutscht

Renate von Stich – ich kann so gut auf dich
Dann wird sie auf Video aufgenommen
und wieder, schon wieder ist es mir gekommen
Oder wenn ich mal nicht richtig kann
spul ich zurück, fang von vorne an

Zwischendurch in meiner Not
schmier ich mir ’n Käsebrot
und dann mit neuer Energie
du zwingst mich in die Knie
Näher ran ans Flimmerbild
fang an zu schielen – ich werd ganz wild

Es wird vorm Fernseher rumgerutscht
es wird am Bildschirm rumgelutscht
es wird das Mädel durchgeknutscht

Plitsch – Platsch, was war ’n das
und der Teppich ist ganz naß
Renate von Stich ich kann so gut auf dich
Renate von Stich ich kann so gut auf dich
Ich kann so gut auf dich

Wir begrüßen sie sehr herzlich zu unserem Abendprogramm
bei uns sitzen sie immer ganz nah dran
Die weiteren Wetteraussichten
starke Niederschläge
für die Jahreszeit zu feucht
bei fallenden Temperaturen
stellenweise Hodenfrost
Hier ist der Verkehrsfunk:
Starker Verkehr in Hamburg
und um Hamburg herum
in den Stoßzeiten kann es zu Engpässen kommen
Ihre Renate von Stich

Geh nicht weg

Jetzt packst du deinen Koffer
Ey, willst du wirklich gehn?
Das kannste doch nicht machen
laß uns doch lieber wieder drüberstehn
Der Streit vorhin war blöde
tut mir wirklich leid
Du weißt doch, du bist meine Sonne
für mindestens 'ne Ewigkeit

Bitte geh nicht weg – geh nicht weg
du bist doch meine Sonne
geh nicht weg – geh nicht weg
So kalte Nächte kommen
wenn du gehst . . .
Himmel ohne Sterne
Meere ohne Strand

Was macht der Wind, wenn er nicht weht
und die Wüste ohne Sand
und was bin ich ohne dich
wenn ich dich jetzt verlier
Du kannst mich nicht alleine lassen
es sei denn du willst, daß ich krepier
Du bist doch meine Sonne

Geh nicht weg – geh nicht weg
So kalte Nächte kommen
wenn du gehst . . .
Schieß mich nicht hoch zu den toten Planeten
die schon längst erloschen sind
Da oben würd ich schreien nach dir
wie ein hilfloses Kind

Bitte geh nicht weg – geh nicht weg
Du bist doch meine Sonne
Geh nicht weg – geh nicht weg
So kalte Nächte kommen
– ohne dich
Geh nicht weg
Du bist doch meine Sonne
Geh nicht weg – geh nicht weg
bleib für immer bei mir
bleib doch hier

Metropolis

Über'm Horizont wird der Himmel ganz hell
Da liegt die Stadt, die nie schläft und mein Herz geht schnell
Ferne fremde City, wo keiner mich kennt
da läuft alles oder nichts – ganz konsequent
und ich muß da jetzt hin
ich komme um zu gewinnen

Metropolis – Metropolis
Mit 'nem kugelsicheren weißen Cadillac
Metropolis – Metropolis

Goldene Schüsse – und H und Koks und Crack
das letzte Paradies und totaler Dreck
Zuerst verdammt allein – harte Zeiten für mich
doch dann find ich 'nen Freund, der so drauf ist wie ich
Dann sind wir die Ratten, die jedem Gift entgehn
wir kämpfen uns nach oben – wollen die Sonne sehn

Wir machen die Stadt
zu unserer Stadt

Metropolis - Metropolis
Kugelsichere weiße Cadillacs
Metropolis - Metropolis

Goldene Schüsse und positiver Sex
das letzte Paradies und totaler Dreck

Metropolis - Metropolis
Cadillacs auf dem Luxusboulevard
Metropolis - Metropolis

Endstation in der letzten Junkie-Bar

Metropolis - Metropolis
Die legen dich um für nur einen Dollar
Metropolis - Metropolis

An jeder Ecke lauert die Gefahr
. . . ich muß da jetzt hin
Ich komme um zu gewinnen

Ein Herz kann man nicht reparieren

Hör mir jetzt mal zu
laß mich jetzt in Ruh
und ruf mich nicht mehr an
ich hab keine Zeit nicht gestern und nicht heut'
nicht morgen und nicht irgendwann
mach dir endlich klar es ist nicht mehr – es war
Du mußt das kapiern eins wird nicht passiern
mich kriegste nicht zurück
Zieh doch einfach los
das Angebot ist groß
Greif dir 'n neues Glück
Jeglichen Verkehr will ich mit dir nicht mehr

Ein Herz kann man nicht reparirn
ist es einmal entzwei dann ist alles vorbei
Ein Herz kann man nicht reparirn
niemand weiß wie das geht, es ist meistens zu spät
Ein Herz kann man nicht reparirn
da hilft keine Kur, da rinnen Tränen nur
Ein Herz kann man nicht reparirn
alles bleibt leer und auch der Arzt hilft nicht mehr

Kniest dich vor mich hin
hat doch keinen Sinn
Mich kriegste nicht mehr rum
zieh dich wieder an
ich laß dich nicht mehr ran
Mach dich doch hier nicht krumm
wenn ich dich so seh
aua, das tut weh

Ein Herz kann man nicht reparier
doch irgendwann wird sie vor mir steh'n
die Frau mit der Zaubermedizin
und sie sagt: Kleiner ey, laß mich mal sehn
ich glaub das kriegen wir wieder hin
Ein Herz das kann man reparier
und geht's mal entzwei ist es längst nicht vorbei
Ein Herz das kann man reparier
ich weiß wie das geht, es ist niemals zu spät
ein Herz das kann man reparier
ich kenn da 'ne Kur da hilft küssen nur
Ein Herz das kann man reparier
ist doch gar nicht schwer
und auch den Arzt brauchen wir nicht mehr

benedictum - bene benedactum

Das Telefon im Vatikan
Thomas Gottschalk ruft da an
Er lädt den Papst ganz locker ein
bei ›Wetten daß‹
mal dabei zu sein
Weil der Papst is 'n Hammer, ist enorm auf Zack
er erkennt 50 Länder an ihrem Geschmack, Oh Yeah
Weil er doch ständig den Boden abküßt
ja, da weiß er immer gleich, wo er ist

benedictum – bene benedactum
es läuft hier heute alles wieder nackt rum

Und wenn er das sieht, der Heilige Vater – dann macht er Theater
Der weiße Blitz aus Rom
Keine Pille, kein Kondom
Halleluja
Er fährt so gern
in der Welt herum
in seinem Papst-Aquarium
Macht winke, winke
guckt in den Himmel
und streichelt zärtlich seinen Hirtenstab
Er sagt: Die Röcke lang
die Hosen bleiben zu
das muntere Gevögel
das ist hier ein Tabu!!
Es sei denn, im Dunkeln und ganz geschwind gezeuget sei das Katholenkind

benedictum – bene benedactum
es läuft hier heute alles wieder nackt rum

Und wenn er das sieht, der Heilige Vater – dann macht er Theater
Der weiße Blitz aus Rom
keine Pille, kein Kondom
Halleluja

benedictum – bene benedactum
es läuft hier heute alles wieder nackt rum

Und wenn sie schon nicht wissen
wohin mit ihrem Samen
dann bumsen sie doch ne Runde
in Gottes Namen
Der weiße Blitz aus Rom
keine Pille, kein Kondom

Der Countdown läuft

Als ich dich gesehen hab
das erste mal
war der Blick 'n Tick zu lang
War wie 'n Signal
- total
Ich hab geglaubt ich wär so cool
und mal wieder frei & dachte einfach weitergehn
Das geht schon vorbei
zu spät
ich kann das nicht mehr anhalten
Der Countdown läuft - ich bin verrückt nach dir
gibt kein Zurück mehr - du gehörst zu mir
Es ist doch ganz klar an dir komm ich nicht vorbei
Als Gott den Stahl erfand
hat er an dich gedacht
denn wenn du was willst
wird das auch gemacht
stahlhart
und als Gott den Samt erfand
Hast du ihn inspiriert
Bist der Stoff aus dem Träume sind
Ganz weich und ganz schön raffiniert
Du bist beides: hart und zärtlich
Der Countdown läuft - ich bin verrückt nach dir
Gibt kein Zurück mehr - du gehörst mir
Es ist doch ganz klar an dir komm ich nicht vorbei
90 000 Sekunden täglich für dich da
mindestens tausend Tage jedes Jahr
und ich sag dir auch an mir kommst du nicht vorbei

Madonna

Madonna, du hast so ’n traurigen Blick
in Zeiten wie diesen ist Heiligsein schwer
Madonna, oder ist das bloß Trick
und hinter der Fassade bist du hohl und leer?

Madonna, sie sind hinter dir her
ich weiß nicht mal wer, doch ich hol dich da raus
Madonna, ich verehrte dich sehr
Gefallener Engel, komm’ mit zu mir nach Haus

Madonna mit den zwei Gesichtern
Sie zieht dich in ihren Bann
Keiner kennt ihr Geheimnis
so fängt es immer an

Madonna der sieben Monde
Ihr Lachen so weiß wie Schnee
Sie ist ein eiskalter Engel
und ihre Liebe tut weh

Madonna, hast du ein Geheimnis?
Sag, was ist wirklich los mit dir
Ich will wissen wer du bist
ist deine Unschuld längst Mythos – komm’, verrat es mir

Harte Männer glauben an dich
fallen vor dir auf die Knie
Du zeigst immer dein frommes Gesicht
– deine Seele zeigst du nie

Wo ich meinen Hut hinhäng' . . .

Gustav

Gustav

Wo bin ich hier gelandet?
Wo bin hier gestrandet?
Mit meinem blauen Schiff
knallte ich gegen so 'n Riff
Dann in der tiefen Nacht
sehe ich da ganz hell
das Hotel . . .

Du lieber Nachtportier
der Durst, er tut so weh
Komm, mach die Flasche auf
wir machen einen drauf
und weck die Gäste
Schlafen können die immer noch genug
wenn se tot sind . . .

WILLKOMMEN IM HOTEL IMPERIAL

Die Zeit vergeht – du wirst nicht jünger
und leichter wird das meiste nicht
Du mußt nicht wünschen
du mußt fordern!

– wie ’ne Knarre vorm Gesicht
Vergiß es, leise anzufragen
wo es langgeht
sollst du selber sagen

Nie wieder stilles banges Hoffen
Nie wieder Warten, stumm und klein
du warst doch lang genug das Opfer
jetzt wirst du der Täter sein
Arme Seele – alles Pleite?
Komm doch rüber auf die Sonnenseite!

WILLKOMMEN IM HOTEL IMPERIAL

Wo ich meinen Hut hinhäng’ . . .

Wo ich meinen Hut hinhäng
da ist mein Zuhause
Wo ich meinen Hut hinhäng
das ist mein Zuhaus
Wo ich meinen Hut
wo ich meinen Hut hinhäng
da ist mein Zuhause

Wherever he hangs
wherever he hangs his hat
is his sweet, sweet home
is his sweet home

Käthe Dorsch, sie wohnt in Kiel
wenn sie mich sieht, kriegt sie zuviel
Ihre Liebe zu mir ist so groß
»Ach, bleib doch lieber hier - zieh nicht schon wieder los!«
Ich sag: »Käthe - süße Käthe!«, sag ich,
»Wurzeln, nein, die schlag ich nicht
Ich bin ein flatterhafter Lindenbaum
Ich komme und gehe wie ein süßer Traum . . .«

Dabei wär Käthe sicherlich
die richtige Frau für mich
Sie ist sehr charmant und recht apart
und hat sogar 'n paar Mark gespart
auf der Kieler Sprottenbank
und die Schecks drei Meter lang
Credit Cards ganz schon viel'
wie ein buntes Kartenspiel

Wo ich meinen Hut hinhäng
da ist mein Zuhause
Wo ich meinen Hut hinhäng
da ist mein Zuhaus

Wo ich meinen Hut
wo ich meinen Hut hinhäng
den Hut hinhäng
da ist mein Zuhause

Wherever he hangs
wherever he hangs his hat
is his sweet, sweet home
is his sweet home

. . . ich sag: »Schatzi, ich muß weiter
denn hinter ’m Horizont wird es immer, immer breiter
Ich bin doch Dr. Lockerlose
mit der Beule in der Hose
lebe wie ein Leichtmatrose
Ahoi!!!«

Wo ich meinen Hut hinhäng
da ist mein Zuhause
Wo ich meinen Hut hinhäng
da ist mein Zuhaus

Er ist doch Dr. Lockerlose
mit der Beule in der Hose
Er lebt wie ein Leichtmatrose
Ahoi!!!

Wo ich meinen Hut hinhäng
da ist mein Zuhause
Wo ich meinen Hut hinhäng
da ist mein Zuhaus

Wo ich meinen Hut
wo ich meinen Hut hinhäng
den Hut hinhäng
da ist mein Zuhause

Wherever he hangs
wherever he hangs his hat
is his sweet, sweet home
is his sweet home

Wo ich meinen Hut . . .

Cara mia, mi dispiace per te
ma la dove lui ha lasciato suo capello è a casa
cosi è la vita

Hinterlaß gebroch'ne Herzen
- literweise Tränen
Doch hab's immer nur gut gemeint
- das möchte ich mal erwähnen!

ACH SO!!

Die Augen zu

Schon seit Tagen bin ich hier allein
ich kann nicht immer im Zimmer sein
mit dir telephonieren
und rumphantasieren
- ich vermiß dich so

Ich geh raus in die fremde Stadt
die für mich keine Liebe hat
geh in irgend 'ne Bar
und du bist nicht da
ich vermisse dich so

Im Moment ist mir egal, was sonst so um mich rum passiert
Im Moment bist du alles, was mich wirklich interessiert
Warum bist du jetzt nicht hier?

Ich starre auf eine Tür
und stelle mir vor sie geht auf
und du bist bei mir

Die Augen zu
ich zähl bis zehn
Ich mach sie auf
und ich kann dich sehn
Die Augen zu
ich zähl bis zehn
Die Zeit soll schneller
soll schneller vergehn

Sekunden werden zu Stunden
und Stunden werden zu Tagen
Die Zeiger der Uhr
die stehen auf stur
anstatt nach vorne zu jagen

Im Moment ist mir egal, was sonst so um mich rum passiert
Im Moment bist du alles, was mich wirklich interessiert
Warum bist du jetzt nicht hier?
Ich starre bloß auf die Tür
und stelle mir vor sie geht auf
und du bist bei mir

Die Augen zu
ich zähl bis zehn
Ich mach sie auf
und ich kann dich sehn
Die Augen zu
ich zähl bis zehn
Die Zeit soll schneller
soll schneller vergehn

Die Augen zu
ich zähl nochmal
so Zeiten ohne dich
'ne wirkliche Qual
Die Augen zu
ich zähl bis zehn
es geht nicht anders
ich muß dich sehn

Die Augen zu
ich zähl bis zehn
ich mach sie auf
und ich werde dich sehn . . .

Lolita

(. . . AN DER SCHWELLE ZUM FRAUSEIN)
Sie kam
und sah
und wußte
wie es
kommen
mußte
und wie sie dann guckte
sprach's aus ihrem Blick:
»Baby, mach dich fertig
für den ersten Kuß . . .«

Ihre Augen groß und grün
unwahrscheinlich schön
Ich hatte keine Chance
ihr zu widerstehn

Ich war an der Schwelle zum Blausein
und sie war an der Schwelle zum Frausein

Er war an der Schwelle zum Blausein
und sie an der Schwelle zum Frausein

Ich frag:
»Was willste denn mal so werden? eh?!«
Sie sagt:
»Ich bin doch schon, und zwar: GÖTTIN auf Erden!
Außerdem . . . weil . . . Du bist doch schlau . . .
werd ich sowieso
schon bald deine Frau . . .«

Ihre Augen groß und grün
unwahrscheinlich schön
Ich hatte keine Chance
ihr zu widerstehn

Ich war an der Schwelle zum Blausein
und sie war an der Schwelle zum Frausein

Er war an der Schwelle zum Blausein
und sie war an der Schwelle zum Frausein

Ich war so um die 40
und sie war 15
wir wollten uns zusammentun

ja, wo ist 'n das Problem?
Wir zählen die Jahre zusammen
und teilen das dann durch zwei
dann sind wir beide ziemlich jung
und fühl'n uns gut dabei

Das Leben wurde sahnig
so wie 'ne Tortenschnitte
Da plötzlich kamen Männer
von der deutschen Sitte
Sie sagten Stotter - Stotter
sie wären von der Polizei
sie starrten auf mein Zauberweib
und wurden geil dabei

Ich war an der Schwelle zum Blausein
und sie war an der Schwelle zum Frausein . . .

Niemandsland

Wo die Straße im Sand verweht
da wo kein Schritt mehr weitergeht
liegt unbekannt
das Niemandsland

Ganz tief in meinem Herzen drin
da kam vor dir noch keiner hin
ganz unberührt
und unverführt

So viele Expeditionen
die losgezogen sind
verloren - verschollen
im Wüstenwind
Vielleicht bist du die erste
hältst den Schlüssel in der Hand
geheimnisvoll und unbekannt
das Niemandsland

Das Undenkbare wird gedacht
und das Unmögliche wird gemacht
wie'n erstes Mal
und wie'n letztes Mal
Wir sind so weit, wir sind so frei
Wir schreiben alle Gesetze neu
Unser Weg
läßt keine and're Wahl

So viele Expeditionen
die losgezogen sind
verloren - verschollen
im Wüstenwind
Vielleicht bist du die erste
hältst den Schlüssel in der Hand
geheimnisvoll und unbekannt
das Niemandsland

Doch mit dir würd ich's riskieren -
mit dir durch Minenfelder gehn
Zusammen wird uns nichts passieren
auch wenn wir manchmal
ganz nah am Abgrund stehn
Doch mit dir, nur mit dir!
könnte es gehn ...

Palais d'Amour

Ich seh Sie da die Straße runtergehn
Ich seh Sie da im Regen stehn
Schau'n Se doch bei uns mal rein!
Come on...

Kommen Sie rein, guter Mann
hier werd'n Sie nicht betrogen wie nebenan
Teurer Herr, treten Sie ein
Come on...

Palais d'Amour
für beste Gäste nur
Sie müssen den Damen schon gefallen
die tun es nämlich nicht mit allen
Palais d'Amour

Palais d'Amour
Die Schönen hier verschenken sich nur
Kaufen könn'n Se uns're Süßen nicht
den Scheck diskret an mich
Palais d'Amour

Mancher mag's im Dunkeln
mancher in der Helle
mancher lieber langsam
mancher auf die Schnelle
mancher mag es lieber laut
mancher lieber leise
jeder macht es auf seine Weise

Palais d'Amour
Service rund um die Uhr
mit oder ohne Negligée
direkt ins Separée
Palais d'Amour

Come on. . .
LOVE

Come on. . .
FOR SALE

very sweet – exquisit
exclusiv – wie hier schon mancher schlief

Ich seh Sie da die Straße runtergehn
Ich seh Sie da im Regen stehn
Ach, schau'n Se doch bei uns mal rein

Come on. . .

Liebe gibt's in Lire
und in Deutscher Mark
Liebe ist wie Währung
mal schwächer und mal stark
Dollars – Gulden – Kronen
Champagner, rotes Licht
hier läuft alles
nur die wahre Liebe nicht

Palais d'Amour
Jeder Patient kriegt seine Kur
doch Sie müssen den Damen schon gefallen

die tun es nämlich nicht mit allen
Palais d'Amour

Palais d'Amour
Die Schönen hier verschenken sich nur
Kaufen könn'n Se uns're Süßen nicht
den Scheck diskret an mich
Palais d'Amour

Unterm Säufermond

Wieder geht ein Tag zu Ende
und die Dämmerung zieht rauf
Leise zittern ihm die Hände
und der Säufermond geht auf . . .
Er läuft hin und her im Zimmer
Wie magnetisch fällt sein Blick
auf die Mini-Bar wie immer
»Gib mir doch 'n kleines Glück« –
Meine Nerven die sind, ach
die sind heut' wieder 'n bißchen schwach
meine Nerven die sind, ach
heut' 'n bißchen schwach
Komm, mach mich wieder wach
mach mich bitte wieder wach

Und der Whisky – der zieht runter
und sein Blut wird schnell und warm
und jetzt nimmt ihn Lady Whisky

ganz zärtlich in den Arm
gratuliert zu den Geschäften
»Die sind heut' sehr gut gelaufen!
Laß uns beide, Du und ich
erstmal richtig einen saufen.
Meine Küsse, scharf und naß
komm' erheb das nächste Glas
Eine Nutte heute Nacht,
die's Dir für'n paar Scheine macht –
die brauchst Du nicht
wenn Lady Whisky von der Liebe spricht.«

Und die Zimmerdecke hebt sich
und die Wände brechen ein
auf dem Boden leere Flaschen
und er ist wieder so allein
Menschen in Hotels sind einsam
sie sind immer nur zu Gast
ewige Vertreter, die jeder Kunde haßt

In den Ohren ist ein Sirren
und im Herzen ist ein Schlag
alle Fenster hört er klirren
dieses Zimmer ist ein Sarg...
Aus dem Fenster zu den Sternen
nur: Die kann er nicht mehr sehn
Und in dunkler Wolkenferne
scheint fahl
der Säufermond

Ein Mann lag in seinem Zimmer
im HOTEL IMPERIAL
mit den Nerven wurd' es schlimmer

jede Nacht 'ne neue Qual
Dieses Leben ist so arm
– ferngesteuerte Quälerei
Öffne die große Flasche Nummer drei . . .

Club der Millionäre

Ach, wie gerne wäre
ich im Club der Millionäre
doch da kommt man nicht so ohne weit'res rein
da muß man schon Erfinder oder Schwerverbrecher sein
Ach wie gerne wäre
ich im Club der Millionäre
oder Erbschleicher vielleicht
oder 'n Lottogewinn
mehr Möglichkeiten sind da nicht drin

Sind Sie Mit Glied oder ohne
sonst kommen Sie hier nicht rein
sagt der Türsteher vorm Ritz
. . . es müßte schon die goldene Amexxo-Karte sein
dann reißt er noch 'nen blöden Witz
Sie lassen dich draußen stehn – so böse & gemein
und wieder bist du das arme Schwein

Allein um das zu ändern
werde ich jetzt bald
ein superreicher Lebemann
der dann den ganzen Tag mit Champagnerkorken knallt
und Arbeit geht ihn nix mehr an

er liebt es teure Frauen mit Schaumwein zu bespritzen
anstatt als arme Filzlaus im Gully abzusitzen

Ach, wie gerne wäre
ich im Club der Millionäre
doch da kommt man nicht so ohne weit'res rein
da muß man schon Erfinder oder Schwerverbrecher sein
Ach, wie gerne wäre
ich im Club der Millionäre
oder Erbschleicher vielleicht
oder 'n Lottogewinn
mehr Möglichkeiten sind da nicht drin

Den Keller voller Gold
die Doormänner mit Colt
vor meiner Suite in Manhattan
Die schönsten der schönsten Photo-Modells
krabbeln durch die seid'nen Betten
Das einzige Problemchen, das ich vielleicht dann hätt'
finden die Mädels wirklich mich oder nur meine Kohle nett?!

Man hätt' vielleicht Probleme, ey . . .

Ach, wie gerne wäre
ich im Club der Millionäre
doch da kommt man nicht so ohne weit'res rein
da muß man schon Erfinder oder Schwerverbrecher sein
oh, wie gerne wäre
ich im Club der Millionäre
oder Erbschleicher vielleicht
oder 'n Lottogewinn
mehr Möglichkeiten sind da leider nicht drin

Weltreise

Jetzt bist du weg zum Amazonas
du kannst doch nicht so einfach gehen
bist auf der Reise zu den Inseln
die auf keiner Karte stehen

Irgendwo in der Südsee
– so unvorstellbar weit
mit deinem kleinen Koffer
unterwegs in Richtung Ewigkeit

Ich will dich oft anrufen
und greif zum Telephon
ich wähl die alte Nummer
weiß, du gehst nicht ran - doch wer begreift das schon?

Ich schreib dir lange Briefe
doch das hat alles keinen Sinn
Wo soll ich jetzt mit meiner Liebe
sag, wo soll ich jetzt damit hin?
Doch du hast immer gesagt: wenn ich mal geh
sollst du nicht so lange weinen
weil über dunklen Wolken
Millionen Sterne scheinen
Und die Sterne sind wie Fenster
durch sie fällt gleißend-helles Licht
auf golden glänzenden Bühnen
... doch nichts Genaues weiß man nicht

Ich will dich oft anrufen
und greif zum Telephon
ich wähl die alte Nummer
weiß, du gehst nicht ran – doch wer begreift das schon?

Straßen ohne Namen
und ein Leben ohne jeden Sinn
Wo soll ich jetzt mit meiner Liebe
sag, wo soll ich jetzt mit meiner Liebe hin?
Doch du hast immer gesagt: wenn ich mal geh
sollst du nicht so lange weinen
weil über dunklen Wolken
Millionen Sterne scheinen
Und die Sterne sind wie Fenster
durch sie fällt gleißend-helles Licht
auf golden glänzende Bühnen
... doch nichts Genaues weiß man nicht ...

Es ist früher Morgen. Alle Türen sind zu. Gustav läßt den Nachtportier zurück.
Der ist eingeschlafen. Die Sonne geht auf. Gustav schaut sich nicht mehr um.
In der Ferne liegt das HOTEL IMPERIAL. Es sieht verschlossen aus.

Kein Blick zurück

Reprise Gustav

Zeitbomben sind nicht mehr zu bremsen
wenn der Sekundenzeiger rennt
und die Wahrheit gilt auch dann schon
wenn noch keiner sie erkennt
Die Wahrheit gilt auch dann schon
wenn noch keiner sie erkennt

Nie wieder leises banges Hoffen
Nie wieder Warten, stumm und klein
Du warst doch lang genug das Opfer
jetzt wirst du der Täter sein
Arme Seele - alles Pleite?
Komm doch rüber auf die Sonnenseite!

Bunte Republik Deutschland

Bunte Republik Deutschland

Egal, ob Du ’n Italdieser bist,
oder Italjener.
Egal, ob Du ’n fescher Deutscher bist,
oder ’n Türke, ’n schöner.
Egal, ob Chinese, ob Irokese,
ob Grieche oder Torero.
Egal, ob japanischer Sumo-Spezi
oder Fachmann für Bolero.

Egal, ob Du ’n Africoller bist,
oder ’n Afrikaner.
Egal, ob Du ’n Indoneser bist,
oder ’n Indianer.
Ob Kapuziner, Argentiner, Franziskaner oder Franzose,
und in seiner bodenlosen Lodenhose
hingen seine Hoden lose.

Bunte Republik Deutschland,
ganze Jumbos voller Eskimos,
wie in New York City
– richtig schwer was los.
Wir steh’n am Bahnsteig und begrüßen jeden Zug,

denn graue deutsche Mäuse,
die haben wir schon genug.

Bunte Republik Deutschland ...

O Müsfik canavar
zihnimizin dibikara
kuyusunda uyuyor.
bizimle digeri
arasinda telörgüden
görünmez bir cit örüyor.

Bunte Republik Deutschland ...
Bunte Republik Deutschland ...

16 Jahr

Sie war gerade 16 Jahr,
fast noch ein Kind, mit weichem Haar,
'ne Frau zum Lieben.
Der Sommer ging, als ich sie sah.
Die leeren Nächte schon so nah,
auch darauf kommt es gar nicht an.
Alles, was mich interessierte, ist doch nur wann.

Vom Opfer zum Täter

Es gibt nichts zu tun in der toten Stadt.
Leere Fabriken, wo keiner Arbeit hat.
Der Hafen ist verlassen – hoffnungslos.
Er dreht hier noch durch: Was mach ich bloß?!

Er hängt den ganzen Tag rum, gehört nirgendwo hin,
Eins ist ihm klar: Alles läuft ohne ihn.
Da will er wenigstens Fan sein vom Fußballverein,
wenigstens stolz darauf, ein Deutscher zu sein.

Und gegen Ausländer sein, ist auch schon mal was.
Endlich weiß er, wohin mit seinem Haß.
Zuerst zog er bloß mit der Flagge zum Spiel,
bis er irgendwann zuschlug – das war wie 'n Ventil.

Vom Opfer zum Täter ist's 'n kleiner Schritt.
Noch gestern ein Nichts und heut' marschierst Du mit.
Bist 'n armes Kind – bist 'n dummes Kind.
Jetzt stolperst Du mit im braunen Wind.
Alte Hetzparolen und jetzt gröhlst Du mit.
Vom Opfer zum Täter ist es ein kleiner Schritt.

Wenig im Kopf – und nix in der Hand,
so bleibt er ein Fremder im eigenen Land.
Dann brüllt er: Scheißkanaken, das ist mein Deutschland!
Und schmiert Hakenkreuze an die Ghettowand.

Ihn zu kriegen, dazu gehört nicht viel.
Wenn einer kommt und verspricht ihm ein Ziel,
irgendein krankes Ziel, nur für' n Tag oder zwei,
oder tausend Jahre – dann ist er dabei.

Vom Opfer zum Täter ist's 'n kleiner Schritt.
Noch gestern ein Nichts und heut' marschierst Du mit.
Bist 'n armes Kind – bist 'n dummes Kind.
Jetzt stolperst Du mit im braunen Wind.
Alte Hetzparolen und jetzt grölst Du mit.
Vom Opfer zu Täter ist es nur ein kleiner Schritt.

Komm doch besser auf uns're Seite . . .

Nathalie aus Leningrad

Nie vergeß ich Leningrad,
nie vergeß ich Nathalie.
Weiße Nächte in der Stadt,
lief mit Dir die Straßen lang,
verstanden uns sofort,
obwohl ich kein Wort Russisch kann.

Du hast mir Deine Stadt gezeigt,
den alten Newski-Boulevard
– Paläste und Ruinen,
und alles, was da früher so war.
Und plötzlich merke ich,
es ist soweit: Ich liebe Dich.

Nathalie aus Leningrad,
in der großen fremden Stadt,
wir war'n verknallt über beide Ohr'n.
Der erste Kuß am Newa-Fluß,

und daß es weitergehen muß,
das haben wir uns da geschwor'n.

Und dann hast Du mir erzählt
von der Nazi-Terror-Zeit,
Deine Stadt im Todeskampf,
900 Tage Ewigkeit.
Dein Vater war erst zehn,
hat seine Eltern verhungern seh'n.

Nathalie aus Leningrad,
in der großen fremden Stadt,
wir war'n verknallt über beide Ohr'n.
Der erste Kuß am Newa-Fluß,
und daß es weitergehen muß,
das haben wir uns da geschwor'n.

Ich denk so oft an Dich, Nathalie.
Nein, diese Stadt und Dich vergeß ich nie.

Nathalie aus Leningrad,
in der großen fremden Stadt,
total verknallt über beide Ohr'n.
Der erste Kuß am Newa-Fluß,
und daß es weitergehen muß,
das haben wir uns da geschwor'n.

Nathalie aus Leningrad,
in der großen fremden Stdt,
ich komm bald wieder ...

Gelee

»Dites, mon mignon, êtes-vous libre?«
»Peut-être, peut-être . . .«

Natürlich bin ich Dressman,
ja, was soll ich denn wohl sonst sein?
Und 'ne Setcard hab ich auch, ja, da schau'n Sie ruhig mal rein.
In 'nem normalen Beruf könnt ich doch gar nicht bestehen,
nein, dazu bin ich doch ganz einfach viel zu schön.
Die Damen fliegen einem immerzu zu,
und die Herren lassen einen natürlich auch nicht in Ruh.

Und ich geh den Laufsteg lang.
Ich bin Jaques Gelee mit dem weichen Gang.
Ob in Rom, Paris und Mailand
oder an der Côte d'Azur,
man nennt mich auch den Heiland
der Haute Couture.

Wenn Sie wissen wollen, wie das alles mit mir begann:
Ein charmanter Mann sprach mich im Cafehaus an,
und er sagt: So'n Typ wie Sie, ja den suchen wir schon lange.
Sie sind 'n ganz spezieller Vogel, nicht so einer von der Stange.
Ihre Augen schön umrandet, so wie der Herr der Ringe,
und Ihre bleiche Haut, frisch rasiert mit stumpfer Klinge,
außerdem die Zähne dunkel mit 'n paar Löchern drin,
'n bißchen punky, gottseidanki, uh, das ist zur Zeit sehr in.

Und ich geh den Laufsteg lang.
Ich bin Jaques Gelee mit dem weichen Gang.
Ob in Rom, New York und Mailand

oder an der Côte d'Azur,
man nennt mich auch den Heiland
der Haute Couture.

Geh! Den Laufsteg lang!
Jaques Gelee mit dem weichen Gang.
Ob in Rom, Paris und Mailand
oder an der Côte d'Azur,
man nennt ihn auch den Heiland
der Haute Couture.

Bumerang

Und wieder steh ich hier im Regen,
Tränen im Gesicht.
Was ist schon gut am Regen?
Man sieht die Tränen nicht!
Ich muß da durch, durch die harten Zeiten,
weiß noch nicht wie, aber irgendwie nach vorn.
Mit aller Kraft, die ich nicht hab, muß ich weiter,
ein Blick zurück, und ich bin verlor'n.
Ich muß weg von Dir,
ich muß abhau'n hier,
ich muß weg von Dir.

Und morgen wirst Du mich anrufen,
und sagen: Es war nicht so gemeint.
Und sagen: Laß wenigstens versuchen,
so auf richtig guten Freund.
Doch wie können zwei Astronauten

nach so 'ner Sternenexpedition
sich nun plötzlich zufriedengeb'n
mit 'nem Job bei der Bodenstation?
Ich muß weg von Dir,
ich muß abhau'n hier,
ich muß weg von Dir.

Und jetzt fahr ich hier schon wieder
irgendwelche Straßen lang.
Und, verdammt, da kommt's schon wieder,
wie so 'n Bumerang.
Nein, ich kann nicht mir Dir leben,
aber auch nicht ohne Dich.
Wie oft bin ich schon geflüchtet,
um dann zu Dir zurückzukommen, einfach lächerlich!
Ich muß weg von Dir,
ich muß abhau'n hier,
ich muß weg von Dir.

Und jetzt fahr ich hier die Straße lang
und wieder holst Du mich ein wie ein Bumerrang.
Egal, wohin ich flieh, weil ich nicht mehr kann,
ich komm doch immer wieder bei Dir an,
wie so 'n Bumerang.

So ein Gezappel . . .

Ich renn raus auf die Straße,
raus in die Nacht.
Bin nicht mehr zu bremsen,
hab an dich gedacht.
Ja, wo war das noch mal?
Da hinten um die Ecke!
Ich muß Dich jetzt seh'n,
bevor ich verrecke.
Und da ist Dein Wohnblock,
ja, da haben wir's wieder.
Es zieht mir so ein Prickeln
durch alle Glieder.
Ich klingel Deine Eltern
aus dem Bett raus.
Jetzt lassen Sie doch mal Ihre schöne Tochter aus'm Haus.

So ein Gezappel, so ein Gezucke
– machen Sie sich keine Sorgen, ist rein intellektuell . . .
So ein Gerappel, so ein Gejucke
– nein, er meint es wirklich nicht so sexuell . . .
So ein Gezappel, so ein Gezucke
– machen Sie sich keine Sorgen, wir möchten Ihnen gratulieren.
Mit 'nem Schwiegersohn wie dem
kann Ihnen nix Böses mehr gescheh'n . . .

Du kommst runter in den Garten,
laß mal sofort starten.
Du sagst: Was ist los,
mitten in der Nacht?
Ich sag: Ich weiß ja auch nicht,
ich fühl mich so komisch.

Und dann haste irgendwas mit mir gemacht.
Plötzlich da am Fenster
seh ich Deine Alten,
wie sie den Vorhang
zur Seite zieh'n.
Ich sag: Igittigitt,
Sie sollten sich was schämen,
Sie mit ihren schmutzigen Phantasien.

So ein Gezappel, so ein Gezucke
– machen Sie sich keine Sorgen, ist rein intellektuell . . .
So ein Gerappel, so ein Gejucke
– nein, er meint es wirklich nicht so sexuell . . .
So ein Gezappel, so ein Gezucke
– machen Sie sich keine Sorgen, wir möchten Ihnen gratulieren.
So ein Geprickel, so ein Gezwicke
– alles wird gut, Sie können jetzt weiter kopulier'n . . .
So ein Gezappel, so ein Gejucke.

Weißt Du, wieviel Sternlein stehen?

Weißt Du, wieviel Sternlein stehen
an dem blauen Himmelszelt?
. . . keine Sterne mehr zu sehen,
schwarzer Himmel – finst're Welt.
Nur der Schwefelmond häng so fahl
über Wäldern, tot und kahl.
Weißt Du, wieviel Wolken ziehen
an dem düst'ren Himmelszelt?

Weißt Du, wieviel Ströme fließen
in das Meer am weißen Strand?
. . . wo die Killer-Algen sprießen,
treiben Tiere tot ans Land.
Wo die Sonne uns verbrennt
durch ein Loch im Firmament.
Weiß du, wieviel letzte Chancen
wir noch haben bis zum Schluß?

Nun schlaf doch endlich ein, mein Kind.
Ich hoffe, heute nacht
wirst Du nicht wieder schrei'n, mein Kind,
von schlimmen Träumen aufgewacht.

Weißt Du, wieviel Kinder spielen
überall auf dieser Welt?
. . . die nicht wissen, wohin rennen,
wenn die Bombe vom Himmel fällt.
Und sie werden irgendwo heute nacht
in so 'm Wahnsinnskrieg eiskalt umgebracht.
Und ein and'res Kind, so alt wie Du,
kriegt vor Hunger die Augen nicht zu.

Nun schlaf doch endlich ein, mein Kind.
Und wenn Du heute nacht
wieder weinen wirst und schrei'n mein Kind
von schlimmen Träumen aufgewacht.

Dann laß uns nicht mehr zählen, wieviel Sterne da so stehen.
Dann laß mal lieber machen, daß wir hier nicht untergeh'n . . .

Belahm

Uçurum uçurum gözlerine baktigim
prangalarca boynuma taktiğim sensin
dağ gölleri gibi hasret çektiğim
her gece uyku diye, yattiğim sensin

yanarim, yanarim tutuşur
yanarim kavurur ateşim
seni de beni de belalim
yanarim, yanarim tutuşur
yanarim kavurur ateşim
seni de beni de belalim, ah belalim

Diese Liebe wird zum Gefängnis.
deine Augen sind wie 'n Abgrund.
Du bist die Schlinge um meinen Hals,
und ich der liebeskranke Hund.
Ich bin so süchtig –
immer nur süchtig nach deinem Mund.

yanarim, yanarim tutşur
yanarim kavurur ateşim
seni de beni de belalim
yanarim, yanarim tutuşur
yanarim kavurur ateşim
seni de beni de belalim, ah belalim

Panikpanther

Panik-Panther

Panik-Panther

Ich geh durch unsere Straße
so wie ein rauher Wind
Winde werden Stürme
wenn sie größer sind
Alleine bin ich stark
aber auf die Dauer:
Zusammen mit den andern
krieg ich noch viel mehr Power

Wir fegen los wie ein Orkan
und gegen uns kommt keiner an
Wird sind die Panther – Panik-Panther

Auf's dunkle Land ein heller Blitz
der Skin macht nur noch flitze-flitz
Wir sind die Panther – die Panik-Panther

Und wir hau'n mit den Tatzen
den Skins auf die Glatzen
das Einzige, was die verstehn
Also Faschos verpißt euch
keiner vermißt euch
Wir woll'n euch nur noch von hinten sehn

Doch am liebsten bleiben die Fäuste kalt
denn Panther stehn nicht auf Gewalt
Wir sind die Panther - die Panik-Panther

Die Zeiten werden härter
wir können keinem traun
Erst gestern haben so Zombies
schon wieder brutal draufgehaun
Total blind im Rassenwahn
zünden sie nachts Häuser an
Aber wir klär'n hier in unsrer Stadt
daß kein Skin was zu sagen hat

Wie fegen los wie ein Orkan
und gegen uns kommt keiner an
wir sind die Panther - Panik-Panther

Auf's dunkle Land ein heller Blitz
der Skin macht nur noch flitze-flitz
Wir sind die Panther - Panik-Panther

Und mit unseren Tatzen
polieren wir die Glatzen
wenn sie es nicht anders verstehn
Also Faschos verpißt euch
keiner vermißt euch
Wir woll'n euch nur noch von hinten sehn

Öh-Öh-Öh

Montag, freu mich auf
Dienstag, freu mich auf
Mittwoch, freu mich auf
DDD. . .Donnerstag,
Donnerstag, freu mich auf
Freitag, freu mich auf Samstag
und dann ist endlich wieder Samstagnacht

Ey, DJ, dreh die Boxen auf
die ganze Woche freu ich mich schon drauf
Ey, Mann, pump doch mal das Volume rauf
Ey, DJ, will im Bauch die Bässe spürn
meine Nerven soll'n vibrier'n
Gib mir Adrenalin
heute Nacht soll es geschehn
Und jetzt nur noch'n paar Stunden
dann wird sie wieder vor mir stehn

Ich find sie ja so geil
oh wie ihr Blick so in mich dringt
Ich geh jetzt zu ihr hin
und bring den Spruch, der's richtig bringt
und ich sag noch:
Öh-Öh-Öh

Sie kam direkt aus Leckerland
kaum zu glauben, wie lecker-lecker ich sie fand
Beim ersten Mal schon: Ich atemlos
sie so schön, so stolz und grandios
Bisher: es tut mir für sie leid
vielleicht war ich ja immer auch'n Tick zu breit

Aber heute geht sie auf die Knie
was jetzt passiert vergißt sie nie:

Ich find sie ja so geil
oh wie ihr Blick so in mich dringt
Ich geh jetzt zu ihr hin
und bring den Spruch, der's richtig bringt
und ich sag noch:
Öh-Öh-Öh

Da hinten seh ich sie
und heute geht sie auf die Knie
Meine Damen, meine Herr'n
laßt mich mal eben vorbei
ich muß da mal was klär'n
und ich sag noch:
Öh-Öh-Öh

Mit dir sogar 'n Kind

Stell dir vor dein Schiff legt an
du setzt den Fuß auf's fremde Land
und weißt gleich, du bleibst immer hier
genauso war das auch mit dir

Wir war'n uns kein bißchen fremd
als ob man sich schon immer kennt
ich seh dich noch vor mir stehn
es war wie ein Wiedersehn

Du warst mir gleich total vertraut
ich war schon immer dein Mann und du meine Braut
Wir wußten gleich: wir kriegen das hin
weil wir das schärfste Team aller Zeiten sind
Auch wenn alle sagen: der spinnt
mit dir will ich sogar 'n Kind

Stell dir mal vor wie das wär
von wem hätte es dann wohl mehr
wird's ganz sensibel oder eisenhart
steht's auf Hardrock oder Mozart

Ist eigentlich auch ganz egal
es wird auf jeden Fall genial
wird sowieso 'n Wunderkind
weil wir schon selbst ein Wunder sind

Du warst mir gleich total vertraut
ich war schon immer dein Mann und du meine Braut
Wir wußten gleich: wir kriegen das hin
weil wir das schärfste Team aller Zeiten sind
Auch wenn alle sagen: der spinnt
mit dir will ich sogar 'n Kind
Weil wir für immer zusammen sind
mit dir will ich sogar 'n Kind

Keine Staaten

Li aus Peking und Jo aus Berlin
woll'n desselbe wie Lena aus Wien
und Pat aus Dublin, wo steht der drauf
macht endlich alle Grenzen auf

Wo du herkommst ist sowieso egal
zuerst hast du doch gar keine Wahl
du fällst vom Himmel irgendwann – irgendwo
das nennen die dann Heimat, oder so ...

Keine Staaten
keine Nationen mehr
keine Soldaten
und kein Militär
Kim in Melbourne und Cem im Sudan
sagen: Laß mal machen, heute fangen wir an

Es dröhnt aus jedem Radio
von Pinneberg bis Tokio
alle Pässe werden verbrannt
ab jetzt darf jeder in jedes Land

Keine Staaten
keine Nationen mehr
keine Soldaten
und kein Militär

Nadja aus Moskau und
José aus Madrid
den alten Streifen machen die nicht mehr mit
Bill aus Miami und Al aus Hannover

Nicht einfach nur mon amour

Ich singe dir ein Liebeslied
so daß es dir die Schuhe auszieht
so hab ich mir das vorgestellt
doch es ist schwer
Es sollte keine Schnulze sein
bloß keine süßen Geigen rein
nein, richtig klar und auch mit Stil
und ohne Kitsch, nur was ich echt für dich fühl

Ganz speziell für dich, weil ich dich doch so lieb
Der schönste Lovesong, den es weltweit gibt

Seit Stunden häng ich am Klavier
und texte rum und komponier
schieb die Akkorde hin und her
wie kann ich's dir am schönsten singen
Nicht einfach nur mit mon amour
ti amo oder I love you
nein, ganz besonders soll es sein
denn ganz besonders bist auch du

Die nächste Strophe sollte dann
rührend und romantisch sein
da sollte kinomäßig
das große Schicksal rein
Dann hätt' ich noch erwähnt, daß du
die Frau des Jahrhunderts bist
und jegliche Beschreibung
völlig untertrieben ist

Ja, so war's geplant, denn ich hab doch so lieb
Der größte Lovesong, den es im Universum gibt

Seit Stunden häng ich am Klavier
und texte rum und komponier
schieb die Akkorde hin und her
wie kann ich's dir am schönsten singen
Nicht einfach nur mit mon amour
ti amo oder I love you
nein, ganz besonders sollt es sein
denn ganz besonders bist auch du

Komm Baby, bitte lach jetzt nicht
komm, Baby, besser küsse mich
es tut mir wirklich sehr, sehr leid
ich hoffe du verzeihst...

Romeo und Juliaaah

Gast: NINA HAGEN

Bleib bei mir, du süßer kleiner Romeo
laß mich immer deine Julia sein
Wenn du gehst es wäre eine Katastro ... verloren wär mein Leben,
Romeo

Weißt du noch, als wir uns damals trafen
das ganze Weltall war fest in unsrer Hand
Uns're Leidenschaft
war es wild zu schmusen...
Dein Götterkopf an meinem heißen Busen

Ooooooo Romeo
Jjjjjj Juliaaah
Oooooo Romeo
Jjj Juliaaah

Weißt du noch, wie wir verzaubert waren
du ludst mich ein zu unsrer ersten Currywurst
und die Welt um uns versank
Doch dann war kein Besteck da
und deine Küsse war'n wie Nektar
Und Ketchup war an deinen Händen
und Verlangen zog durch unsere Lenden...

Sex im Radio

Nicht zu glauben, man stelle sich vor:
ROCK ME IN THE MORNING und FUCK ME ON THE FLOOR
Wißt ihr eigentlich, was das heißt
oder könnt ihr Englisch nicht verstehn
Vögel mich am Morgen und
Ficken auf'm Teppich ist ja auch ganz schön
TALK ABOUT SEX: SUCK MY DICK und SHAKE YOUR THING
schüttel das Ding und spiel an meinem DINGELING
TWENTY-THREE POSITIONS IN A ONE-NIGHT-STAND
23 Stellungen in einer Nacht und total potent

Sex im Radio

ich bin entsetzt, ich bin empört
was man im Radio so hört

ich muß schon sagen, daß mich das stört
mein sittliches Empfinden...
Kaum gehe ich ans Radio ran
da springt mich schon die Sahne an
Total pervers und sexuell
von RSH bis RTL

Sex im Radio

VOULEZ-VOUS COUCHER AVEC MOI
ich komme gleich, ich bin gleich da
GET ON THE SCENE LIKE A SEXMACHINE
sei nicht so 'ne schlaffe Trine
sei doch meine Sexmaschine
WHY DON'T WE DO IT ON THE ROAD
trotz Straßen-Fick-Verbot
OUTSCH, BABY, PUSH IT, OUTSCH
stoß mich auf der Ausziehcouch

Sex im Radio

Ich bin entsetzt, ich bin empört
was man im Radio so hört
ich muß schon sagen, daß mich das stört
mein sittliches Empfinden...
Kaum gehe ich ans Radio ran
Total pervers und sexuell
von RSH bis RTL

Was die im Radio so bringen
Was die da für'n Schweinkram singen

Sex im Radio

I'M YOUR CANDY-LICKER
YOUR SEXY MOTHERFUCKER
VOULEZ-VOUS COUCHER AVEC MOI
I can't hold it much longer
Oh no - oh yeah

Russisch Roulette

Ob New York oder Berlin
die Welt ist krank und ich bin clean
Besser nich'! Der Fall ist klar
was muß'n weg, was is'n da?
Hier mal 'n Schuß, da mal 'n Sniff
das ist 'n interessantes Spiel
Ich hab das alles voll im Griff
ich kann aufhörn wann ich will
Daran krepieren tut doch nur 'n Idiot
sagt er noch und schon war er tot
Aber ich doch nicht

Ich nicht, wie 'n Tanz auf dem Seil
Ich nicht - ich bin schwindelfrei

Ich nicht - wie Russisch Roulett
Ich nicht - ich weiß wo die Kugel steckt
LA oder Paris
Dolce Vita, das Leben ist süß
Wohl dem, der was zu knallen hat
am besten zehn in jeder Stadt
Schöne Sünde - die schnelle Tat

wie Formel 1 riskant und hart
Safer Sex ist mir zu blöde
immer dieselbe ist mir zu öde
Ich bin ein Kamikaze Lover
immer cool und Undercover
The one wrong fuck passiert MIR nicht
ICH erkenn das am Gesicht
Mir passiert da nichts
Aber ich doch nicht . . .

Körper

Jeden Abend um halbeins
treff ich sie in der kleinen Bar
Sie spendiert mir einen Drink
und streichelt sanft mir durch das Haar
Ihre Augen blicken gierig
und da wird mir wieder klar:
Sie wollen immer alle nur das Eine
meine Hüften, meine Lippen, meine langen langen Beine

Sie zerrt mich in ein Taxi
nimmt mich mit zu sich nach Haus
Und dann auf dem Flokati
zieht sie mich langsam aus
Sie küßt mich mitten ins Gesicht
und mir wird heiß und kalt
Und jetzt löscht sie das rote Licht
und wieder spür ich die Gewalt . . .

Sie wollen immer immer immer alle alle nur meinen Körper
meine Seele wollen sie nicht
Immer immer immer alle alle nur meinen Körper
und das ist das was mir so langsam das Herz bricht

Ja warum trag ich vorzugsweise ein so trauriges Gesicht
Weil sie wollen immer alle nur meinen Körper
meine Seele wollen sie nicht

Körper Body Sex Sex
immer wollen sie nur das Eine
Sie wollen immer nur das Eine
meine Hüften, meine Lippen, meine langen langen Beine . . .

(lechzlechz)

Er wollte nach Deutschland

Er ist fünfzehn und war
noch nie weg von zuhaus,
jetzt wartet er bloß
bis es dunkel ist.
Dann nimmt er seine Sachen,
nur das Nötigste
er muß los und es gibt niemand
der ihn zum Abschied küßt.

Sie dürfen ihn nicht kriegen
er muß schlauer sein als die

hat alles zu gewinnen
und kaum was zu verlier'n.
Er hofft bloß, daß er es schafft
bis zum Hafen
und dann auf irgend 'nen Tanker
als blinder Passagier.

Er wollte nach Deutschland
wo nicht überall geschossen wird
Er wollte nach Deutschland
wo niemand vor Hunger stirbt
Er wollte nach Deutschland
wo man 'n bisschen Zukunft hat
und es da bringen, in so 'ner schönen großen Stadt . . .

Er ist fünfzehn und war
noch nie weg von zuhaus,
jetzt sitzt er im Knast
weiß nicht mal wofür.
Gleich hinter der Grenze
war sein Traum vorbei
sie sperrten ihn ein
seitdem sitzt er hier.

Er kommt aus Kroatien und Bosnien
aus dem Irak, aus Pakistan
Er kommt aus Albanien
Rumänien und Somalia
aus China und Algerien
aus der Türkei, aus Südafrika
. . .

Benjamin

Benjamin

Mein Vater war dauernd besoffen
von morgens bis abends gut breit
dann hat er meine Mutter getroffen
'n Tag später war Hochzeit
und dann zogen sie mit ein paar Kisten Bier
in irgendein Bretterhaus
sie liebten sich so und hatten nichts zu tun
und dann kamen da 'n paar Kinder bei raus
zu Fressen gab's kaum und Kohle war wenig
wir waren die Familie Rattenkönig

Meine Eltern solln's mal besser haben als ich
darum ist Boxer auch der beste Job für mich
der Champ, der kriegt die lange Kohle
die ich mir jetzt schnellstens hole
die Eltern solln's mal besser haben als ich

Benjamin heißt der kleine Boxer
und er wohnt in den Ruinen von Berlin
es geht nicht nach vorne, es geht nicht zurück
verlaß dich nicht auf irgendein Glück
es geht nur nach oben und da will er hin

Jetzt ist er dreizehn und er wird immer besser
wird schneller, schlauer, schärfer, wie ein Messer
seine Gegner sind nicht zu beneiden
er hat seinen Kopf nicht nur zum Haareschneiden

Meine Eltern solln's mal besser haben als ich
darum ist Boxer auch der beste Job für mich

Ali: »Float like a butterfly
Sting like a bee
rumble young man, rumble
I am the greatest champ of all times«

Meine Eltern solln's mal besser haben als ich
darum ist Boxer auch der beste Job für mich,
der Champ, der kriegt die lange Asche
rein damit in meine Tasche
Die Eltern solln's mal besser haben als ich
Yeah . . . Yeah . . .
Benjamin
Benjamin

Knock Out

Keiner kommt hier lebend raus
Benzin im Treppenhaus
heute nacht wird umgebracht wer anders ist
Deutsche Geschichte wird
immer wieder neu inszeniert
weil das Publikum so schnell vergißt

Biedermann und Brandstifter
und es werden immer mehr
das kotzt mich an und ich krieg' kaltes Blut
ich schrei' euch ins Gesicht
stumm zusehen werd' ich nicht
und aus Trauer wird jetzt nackte Wut

Knock out
immer wieder der deutsche Schock
knock out
meine Nerven laufen Amok
knock out

Dieses Land wird mir fremd
wo Blödheit keine Grenzen kennt
wo Weltverbesserer ein Schimpfwort ist
wo die Kanonen blüh'n
Soldaten wieder in den Krieg zieh'n
und blinder Haß sich in die Herzen frißt

Knock out
Immer wieder der braune Schock
knock out
knock ihn aus
knock den Wahnsinn aus
knock ihn aus
morgen brennt das nächste Haus
knock ihn aus
knock den Wahnsinn raus
zähl' ihn aus
wieviel Tote braucht ihr noch?

Keiner kommt hier lebend raus
Flammen im Treppenhaus
heute nacht wird umgebracht wer anders ist

Knock out
immer wieder der braune Schock
knock out
knock den Wahnsinn aus
morgen brennt das nächste Haus

knock ihn aus
'was muß noch gescheh'n
so wird Deutschland untergehen
knock ihn aus
knock den Wahnsinn raus
zähl' ihn aus
wieviel Tote braucht ihr noch?
Knock out

Piratenfreunde

Das erste Mal daß wir uns trafen
das ist schon ziemlich lange her
weißt du noch unten am Hafen
es roch nach Freiheit und nach Meer
Die Möwen zogen ihre Kreise
und wir sahen den Schiffen nach
wir wollten mit auf große Reise
das war der Anfang das war klar

Wir blieben aneinander kleben
Piratenfreunde wollen mehr
du warst der Wind für meine Flügel
mit dir war alles halb so schwer

Wir sind zwei Piraten
auf dem wilden weiten Meer
die Segel immer voll im Wind
durch die stärksten Stürme
mit dir zusammen gar nicht schwer
Piratenfreunde die wir sind
Piratenfreunde wie sie ganz selten sind

Manchmal war's ein Luxusliner
manchmal war kein Land in Sicht
doch mit dir an meiner Seite
untergehen kann ich nicht

Wir hissen uns're schwarze Flagge
und gibt's auch manchmal eine drauf
wir hol'n uns immer was wir wollen
Piraten geben niemals auf

Wir blieben aneinander kleben
Piratenfreunde wollen mehr
du warst der Wind für meine Flügel
mit dir war alles halb so schwer

Wir sind zwei Piraten
auf dem wilden weiten Meer
die Segel immer voll im Wind
durch die stärksten Stürme
mit dir zusammen gar nicht schwer

Piratenfreunde die wir sind
Piratenfreunde wie sie ganz selten sind

Der blaue Planet

Die kleinen grünen Männchen aus dem All
sie kamen an mit Überschallknall
kurz hinter'm Mars sind sie abgebogen
und direkt auf die Erde zugeflogen
Sie landeten mit Getöse und Gekrache
mitten auf dem Kiez bei der Davidswache
sie ließen ihr UFO einfach steh'n
um erstmal einen trinken zu geh'n
denn sie hatten gehört schon vor langer Zeit
auf der Erde gibt es Drinks die machen ganz schön breit
in der Kneipe fuhr'n sie gerade ihre Schnorchel aus
da brüllte so ein Idiot: ALIENS 'raus!

Auf dem blauen Planet
ist ja wohl alles zu spät
ihr seid ja wohl völlig abgedreht
Warum müßt ihr so sein
so fies und gemein
dann steigen wir lieber wieder in unser UFO ein

Aber erst nochmal checken: Sexualität
sie wollten noch kurz entdecken wie das geht
die Antenne hol' sie raus den Aggregator schalt' ihn ein
doch wohin damit – wo muß man damit rein?

Nicht in die Nase und nicht in das Ohr
sie sagten: Ey, führ uns das mal vor
hier sind 1 000 Mark, doch die Dame spricht
Ich bin deutschnational, mit 'nem ALIEN doch nicht!

Auf dem blauen Planet
ist ja wohl alles zu spät
ihr seid ja wohl völlig abgedreht
Warum müßt ihr so sein
so fies und gemein
dann steigen wir lieber wieder in unser UFO ein

Die kleinen grünen Männchen die wurden depressiv
alles, was sie machten ging irgendwie schief
da plötzlich sahen sie: jetzt wird alles gut
andere grüne Männchen mit 'nem grünen Hut
sie sagten: Hey, Kollegen ei ei ei ei ei!
Eh eh eh von wegen - Polizei!
in der Rasterfahndung werden die Personalien gerafft
und dann weg mit euch ALIENS in Abschiebehaft!

Auf dem blauen Planet
ist ja wohl alles zu spät
ihr seid ja wohl völlig abgedreht
Warum müßt ihr so sein
so fies und gemein
dann steigen wir lieber wieder in unser UFO ein

Manchmal bist du sowas von BESCHEUERT

Manchmal zickst du mit mir 'rum
manchmal nervst du mich total
doch dann läßt du Dinger ab
die sind extrem genial

Manchmal machst du voll den Stress
manchmal halt ich's echt nicht aus
aber fünf Minuten später dann
reißt du alles wieder raus

Manchmal bist du sowas von bescheuert
manchmal hast du wirklich voll den Knall
doch wärst du weg würd' ich dich suchen
würd' ich dich suchen überall
Manchmal bist du sowas von bescheuert
manchmal hast du wirklich voll den Knall
und doch bist du meine Komplizin
meine Komplizin und mein schwerster Fall

Manchmal stellst du voll auf stur
manchmal hab' ich's ganz schön schwer
doch dann wieder bist du gefährlich schlau
wo nimmst du das bloß her

Manchmal bist du sowas von bescheuert
manchmal hast du wirklich voll den Knall
doch wärst du weg würd' ich dich suchen
würd' ich dich suchen überall
Manchmal bist du sowas von bescheuert
manchmal hast du wirklich voll den Knall
und doch bist du meine Komplizin
meine Komplizin und mein schwerster Fall

Manchmal flippst du weg
gehst echt zu weit
schmeißt meine Sachen vor die Tür
doch wenn ich dann wirklich gehen will
sagst du: sorry – bleib doch hier

Manchmal bist du sowas von bescheuert
manchmal hast du wirklich voll den Knall
doch wärst du weg würd' ich dich suchen
meine Komplizin und mein schwerster Fall

Messer in mein Herz (Seni Kimler Aldi) – Duett mit Sezen Aksu –

Yürüyorum hasretin acinin üstüne
Sigmiyorum dünyaya dar geliyor

Sag mir, woher kommst du jetzt
nach dieser langen Nacht
Wer hat das Recht mit dir zu sein
wer hat dich jetzt nach Haus gebracht?

Wer versucht dich mir zu nehmen
fremde Spuren auf deiner Haut
fremder Geruch an deinem Körper
dabei bist du doch meine Braut

Was für 'n Auto auf der Straße
Und wer ist da am Telefon?

Wer versucht dich mir zu nehmen
oder hab' ich dich schon verlor'n?

Wer versucht dich mir zu nehmen
fremde Spuren auf deiner Haut
fremder Geruch an deinem Körper
dabei bist du doch meine Braut

Seni kimler aldi
kimler öpüyor seni
dudaginda dilinde
ellerin izi var

Wer versucht dich mir zu nehmen
bin nicht bereit zu diesem Schmerz
fremder Geruch an deinem Körper
wie ein Messer in mein Herz

Gummi in Berlin

Ich fahre gerne in der Welt herum
und neulich auch mal wieder nach Paris
leicht eregiert wird promeniert
mit 'ner Mademoiselle
sie war unfaßbar süß.
Ich flog mit ihr nach Acapulco.
Sie sagte: laß' mal jucken, sie wollte es tun.
Ich sag': Ich hab' leider keinen Pariser dabei
was machen wir denn nun?

Ich hab' noch einen Gummi in Berlin
den muß ich ab und zu mal überziehn
denn wenn ich schon gerne knalle
dann bin ich kein blöder Hund
da nehm ich lieber Latex
denn Aids ist ungesund.
Ich hab' noch einen Gummi in Berlin

Tolle Frau'n in Mailand
und alle woll'n nur mich
das tut mir selber ja so leid
doch ohne mach ich's nich'.
Da war noch dieser schöne Mann
letztens auf Hawaii
ich hab' gesagt: Ich würd' ja gern
doch ich hab' nichts dabei.

Ich hab' noch einen Gummi in Berlin
den muß ich ab und zu mal überziehn
denn wenn ich schon gerne knalle
dann bin ich kein blöder Hund
da nehm ich lieber Latex
denn Aids ist ungesund.
Ich hab' noch einen Gummi in Berlin
den muß ich ab und zu mal überziehn.

Clever und smart

Modezombies

Du lauerst laufend auf den neuesten Clou
und auf dem Ärschchen trägst du ein Tatoo
Du transplantierst dir ’n paar Schamhaarlocken
auf deine Stirne, um zu schocken
Modezombie
Modezombie

Du machst alles für die Mode
du hungerst dich auch mal zu Tode
und wenn es schick ist, daß man dick ist
dann frißt du ganz ungehemmt
die Haxe, bis die Hose klemmt

Hirnis wie du
wenn ich mal kotzen muß und nicht kann
schau ich mir solche Modezombies an
Hirnis wie du
Schicki-Micki und Klamottensport . . .
und dann kommt es mir sofort

Wenn es In ist und nicht Out
schmierst du dir Bullensahne auf die Haut
Bräunungsbank und Anabolika
Schultern wie’n Schrank
nur vom Kopf ist nicht mehr so viel da

Hirnis wie du
wenn ich mal kotzen muß und nicht kann
schau ich mir solche Modezombies an
Hirnis wie du
Schicki-Zicki und Klamottensport
und dann kommt es mir sofort

'ne Demonstration, nee die hatten wir schon
'ne Lichterkette, aber nur auf die nette
Politik im Moment liegt nicht so im Trend
gefragt ist und zwar sehr
Geld, Luxus und Geschlechtsverkehr

Hirnis wie du
wenn ich mal kotzen muß und nicht kann
schau ich mir solche Modezombies an
und sie sagen – bitte gerne
und sie sagen – bitte sehr
auf daß man das Gehirn entferne
das brauchen wir sowieso nicht mehr

Und fragen sie mal die Avantgarde
ja ja ja was läuft denn gerade?
bißchen SM – bißchen bi
das schadet doch nie – Modezombies

Fäuste aus Stahl (Nach dem Kampf)

Boxer: »I did it again – I am the heavy weight champion«

Raus aus der Halle – rein in den Benz
Weltmeistertitel, Millionen Fans
meine Promoter zählen die Gage
hysterische Frauen auf der Hoteletage
und ich wußte einer wird lachen
und ich wußte einer wird weinen
und jetzt hör ich noch mal die ganze Halle schreien
Oh – o – oh

Ich bin der Champ – wieder mal
und meine Fäuste sind aus Stahl

Schmerz in den Knochen und auf der Haut
Krieg und Terror bis zum Knock Out
Ausgepowert und leer
trotz Ruhm und Geld
manchmal bin ich der einsamste Boxer der Welt
und ich wußte einer wird lachen
und ich wußte einer wird weinen
und jetzt hör ich nochmal die ganze Halle schreien
Oh – oh – oh

Ich bin der Champ wieder mal
und meine Fäuste sind aus Stahl
ich bin der Champ wieder mal
Fieber, Wahnsinn, Fäuste aus Stahl

Jetzt bin ich ganz oben
und atme die Luft
voll Blut, Schweiß und Tränen
die Luft hier oben ist dünn, wo soll ich jetzt noch hin

Ich bin der Champ wieder mal
und meine Fäuste sind aus Stahl
ausgepowert trotz Ruhm und Geld
Manchmal bin ich der einsamste Fighter der Welt

Süße Sucht

Jetzt bist du weg
und ich, was fang' ich an
ich treibe mich rum
auf Parties nächtelang
doch der Whisky, der bringt's nicht mehr
und andere Frauen, das fällt mir schwer
Du bist die Droge, die ich brauch'

Du bist die süße Sucht
und davon komm' ich nie mehr los
wir war'n schon viel zu weit
das war doch alles viel zu groß
einfach aufhör'n ist nicht drin
weil ich wie ein Junkie süchtig bin

Ich fahr' ohne Ziel durch's Labyrinth der Stadt
fühl' mich wie einer der kein zuhaus' mehr hat
weißt du eigentlich wie das ist
wenn du voll auf Turkey bist
und dein Dealer dich vergißt

Du bist die süße Sucht
und davon komm' ich nie mehr los
wir war'n schon viel zu weit
das war doch alles viel zu groß
einfach aufhör'n ist nicht drin
weil ich so wie'n Junkie süchtig bin

Ich hätte nie gedacht
daß mich das so fertig macht
daß du so 'ne harte Droge bist
die mir jetzt durch die Blutbahn schießt

Kosmos

Ich will den Platz in meinem Herzen neu vermieten

Du bist eingezogen, als mein Herz gerade frei war
plötzlich lag deine Zahnbürste da
und dann das erste T-Shirt hat mich eigentlich nicht gestört
genaugenommen: ich fand das ganz wunderbar

Doch nach und nach hast du dich überall breitgemacht
Herzbesetzung - nicht ganz legal
Miete hast du nie bezahlt, aber mit der Tür geknallt
bis überall Risse in den Wänden war'n

Ich will den Platz in meinem Herzen neu vermieten
wann holst du deine Sachen endlich ab bei mir?
es sind noch so'n paar zärtliche Gedanken
die ich hin und wieder für dich verspür

Ich will den Platz in meinem Herzen neu vermieten
doch unterm Teppich da liegt noch so'n Gefühl
nicht besonders groß und nicht besonders intensiv
aber irgendwie ein Gefühl zuviel

Mein Herz steht leer - bis es renoviert wird
ist ja auch ziemlich verwohnt und ganz schön ramponiert

und dein Name steht noch an der Tür
als wohntest du noch immer hier
doch was, wenn sich jemand neues
für mein Herz interessiert?

Ich will den Platz in meinem Herzen neu vermieten
wann holst du deine Sachen endlich ab bei mir?
es sind noch so'n paar zärtliche Gedanken
die ich hin und wieder für dich verspür

Ich will den Platz in meinem Herzen neu vermieten
doch unterm Teppich da liegt noch so'n Gefühl
nicht besonders groß und nicht besonders intensiv
aber irgendwie ein Gefühl zuviel

Brief an den Jungen, der ich vor 30 Jahren war

Junge, Junge, stolz und schön
du Traumtänzer in deinen frühen Jahren
Mit deiner besseren Welt in der falschen Welt
love und peace an der Jacke, und hippieroten Haaren

Ein Feuer gegen die Dunkelheit
ein flammender Rebell
und wenn die Welt zu düster ist
dann machen wir sie eben hell

Die Liebe war groß und hörte nie mehr auf
und jedesmal für immer

Die Treue war ewig, da schworst du drauf
und keine Tricks mit gekreuztem Finger

Und was für 'n sentimentaler Hund
du weintest heimlich im Kino
und du wolltest so sein
wie in deinen besten Träumen
und 'n bißchen so wie Robert de Niro.

Und ich schreib diesen Brief
an den Jungen, der ich vor dreißig Jahren war
manchmal ein bißchen vergessen
aber heute Nacht biste wieder richtig da

Und ich schreib diesen Brief an den Jungen –
keine Adresse – wo schick ich ihn bloß hin?
Ich steck ihn einfach in die Tasche
weil ich dieser Junge doch selber bin

Und alles neu und zum ersten Mal
und gar nichts ließ dich kalt
und erwachsen- und coolwerden wolltest du nie
und überhaupt, du wirst nie richtig alt
und Hermine und Gustav –
sie waren oft genervt
wegen deiner Verrücktheiten
doch 'n bißchen später lachtet ihr drüber
und wußtet: das sind jetzt die guten Zeiten.

Und ich schreib diesen Brief
an den Jungen, der ich vor dreißig Jahren war
manchmal so 'n bißchen vergessen
aber heute Nacht biste wieder richtig da

Brief an den Jungen

Und ich schreib diesen Brief an den Jungen
keine Adresse – wo schick ich ihn jetzt hin?
ich steck ihn einfach in die Tasche
weil ich dieser Junge doch selber bin

Salomon (Das hohe Lied)

Aus dem Alten Testament

Laß den König sechzig Frauen
und achtzig Konkubinen haben
dazu Mädchen ohne Zahl
meine Liebe gilt nur einer

Schön wie Tirzah bist du, Freundin
strahlend wie Jerusalem
wie ein Trugbild in der Wüste
raubt dein Anblick mir den Atem

Chor
Komm doch, ihr Winde, durchweht meinen Garten!
Nordwind und Südwind erweckt seine Düfte!

Hebräischer Gesang
Komm, mein Geliebter, betritt deinen Garten!
komm doch und iß seine köstlichen Früchte

Deine Brüste wie Gazellen
auf den Höhen des Libanon
und das Rund deiner Hüften
ist das Werk eines Künstlers

Einer Schale, der niemals edler Wein fehlen soll
gleicht dein Schoß, süßes Mädchen
will mich freuen an deinen Brüsten
welche reifen Trauben gleichen

Chor
Komm doch, ihr Winde durchweht meinen Garten!
Nordwind und Südwind erweckt seine Düfte!

Hebräischer Gesang
Komm, mein Geliebter, betritt deinen Garten!
Komm doch und iß seine köstlichen Früchte

Am Abend, wenn es kühl wird, und alle Schatten fliehen
dann komm zu mir, flink wie die Gazelle, die in den Bergen wohnt

Einer Schale, der niemals edler Wein fehlen soll
gleicht dein Schoß, süßes Mädchen
die Liebe ist stark wie der Tod
und ihr Eifer ist fest wie die Hölle

Chor
Komm doch, ihr Winde, durchweht meinen Garten!
Nordwind und Südwind erweckt seine Düfte!

Hebräischer Gesang
Komm, mein Geliebter, betritt deinen Garten!
Komm doch und iß seine köstlichen Früchte

Wenn du mit ihm schläfst

Ein Indianer kennt kein Schmerz
das hab ich immer gedacht
aber jetzt, wo ich dich seh
da tut es doch so weh

Wie haben wir das bloß gemacht?
Wie konnte das bloß passiern?
Wir hatten doch soviel vor
wieso mußten wir denn verliern?

Wenn du mit ihm schläfst
denkst du dann immer noch an mich?
Machst die Augen zu und stellst dir vor
das wäre immer noch ich?
Und wenn du ihn küßt
denkst du dann noch an mich?

Hör mir die alten Platten an
und denk zurück an jeden Moment
Der ganze Film, der zieht vorbei
doch: wo ist das happy end?
Ich glaub, ich werde es nie versteh'n
sag mal, ist dir überhaupt klar
daß du jeden Tag das verrätst
was eigentlich unsere Sache war

Wenn du mit ihm schläfst
denkst du dann immer noch an mich?
Machst die Augen zu
und stellst dir vor

das wäre immer noch ich?
Und wenn du ihn küßt
denkst du dann noch an mich?

Ich bin ein Single

Der Frühling ist da
es ist nicht zu fassen
überall die Pärchen
auf den Wiesen
als knutschende Massen

Ich bin ganz solo, doch seh es gelassen
spätestens im Winter fangen sie an, sich zu hassen

Ich bin ein Single und ich leb lieber allein
Ich bin ein Single, doch ich muß nicht einsam sein
denn wenn ein Single
ab und zu mal eine Sehnsucht hat
gibt's Millionen anderer Singles
in dieser Stadt
Ich bin ein Single

Mein Bett ist so groß, hab's für mich alleine
keine Schnarchgeräusche
und wenn mal doch, dann sind 's nur meine

Morgens muß ich mich im Bad nicht beeilen
die Zeitung und das weiche Frühstücksei
mit keinem teilen

Ich bin ein Single und ich leb lieber allein
Ich bin ein Single, doch ich muß nicht einsam sein
denn wenn ein Single
ab und zu mal eine Sehnsucht hat
gibt's Millionen anderer Singles
in dieser Stadt
Ich bin ein single

Und zwar gerne

Notausgang

Der Abend war schon angebrochen
da kommt er aus dem Bett gekrochen
Es hatte alles keinen Sinn
und er weiß auch nicht, wohin

Der Himmel hängt so tief
und er geht ganz gebückt
Auf seiner abgelatschten Strasse
und wenn er mal nach oben blickt

Kinder singen nutzlose Lieder
in den Himmel immer wieder
von dem sich gerade die Rauchwolken
des letzten Krieges verziehn

Kinder singen

Udo im Kosmos

Er sieht sein Leben wie im Film
mal klarer, mal verschwommen
Man kann gegen so 'ne Vergangenheit
mit der Zukunft nicht ankommen

Was gibt's denn da noch für kicks?
Was kann ihn noch aufbau'n?
Welche Drogen... welche großen Worte...
Welche Männer... welche Frauen...?

Kosmos-Walzer

Jetzt sitzt er stumm an irgendeiner Bar
und fühlt sich nüchtern krank
Säuft noch einen und sieht ganz klar
über jeder Tür das Schild »Notausgang«

Und stellt sich vor, er geht zur Bank
um alle Kohlen abzuheben
Fährt um die Welt mit gefälschtem Paß
als ein anderer –
und noch einmal richtig leben

Die Hitze, die mir der Mensch nicht gibt
die hol ich mir aus der Chemie
Und mein Lebensabend wird ein rauschendes Fest
und beginnt gleich morgen früh

Kosmos-Walzer

Laß alle Exzesse dieser Welt
noch einmal ausprobiern
Dem Tod den kleinen Finger reichen
und nicht die ganze Hand verliern

Sie kennen ihre Namen nicht

Er besteigt den Nachtexpress, der durch schwarze Städte fährt
Sie starrt in die Dunkelheit
und will, daß jemand sie begehrt

Er kommt ins Abteil
sofort sind sie geil
Ihr Finger schreibt an die Fensterscheibe:
komm, rück mir doch zuleibe

Die Hände sind zum Tasten da
die Körper zum Geniessen
Komm, zeig mir dein gelobtes Land
laß Milch und Honig fliessen

Sie kennen ihre Namen nicht
wollen sie auch gar nicht wissen
Der Mund ist nicht zum Reden da
der Mund ist da zum Küssen
Intercity-Lover

Träume sind zum Machen da – keine Zeit verliern
atemlos – laß uns entgleisen, alles kann passier'n

Das Gehirn wird abgeschaltet, brauchen wir nicht mehr
keine Liebe, keine Liebe – gehört jetzt nicht hierher

Die Hände sind zum Tasten da
die Körper zum Benutzen
Komm, laß schnell das Verbotene tun
Dein weißes Kleid beschmutzen

Sie kennen ihre Namen nicht
wollen sie auch gar nicht wissen
Der Mund ist nicht zum Reden da
der Mund ist da zum Küssen

Die Hände sind zum Tasten da
die Körper zum Geniessen
Komm, zeig mir dein gelobtes Land
laß Milch und Honig fliessen

Sie kennen ihre Namen nicht
wollen sie auch gar nicht wissen
Der Mund ist nicht zum Reden da
der Mund ist da zum Küssen

Noch nicht reif für dich

Sechzehn bist du jetzt
da kommste angewetzt:

Mal ins Kino gehn, mal am Nippel drehn
und im Ristorante mit der Anstandstante

Und du bestellst 'n Fisch
man trifft sich unterm Tisch
Du sagst ooooh
schade, dat dat nisch für immer isch . . .

Und bin ich auch steif – gelegentlich
so bin ich noch nicht
reif für dich
Dabei wärst du doch genau die Frau für mich
Aber leider, leider, leider
bin ich noch nicht reif für dich

Ein junger androgyner androgeiler Mann
sprach mich von hinten
von der Seite und von vorne an
Er sagte: alle finden dich häßlich
aber ich find dich so schön
Ich möchte
bitte, bitte, bitte
ach so gerne mit dir gehn

Legt seine kleine Hand
auf meinen starken Unterarm
und mit heißem Atem
flüstert er ganz warm
ich bin verrückt
nach deiner alten Indianerhaut
ich sagte: Schatz, ich hatte leider, leider
heut noch nicht mein coming out

Und bin ich auch steif – gelegentlich
so bin ich noch nicht
reif für dich
Dabei wärst du doch genau der Mann für mich
Aber leider, leider, leider, leider
bin ich noch nicht reif für dich

Schade

Dach der Welt

Sie hatten nichts
sie waren verloren
in diese kalte Welt hineingeboren
Als sie sich trafen,
allein und ängstlich
da hatten sie wenigstens sich

Draußen war alles nur Hölle und Dreck
sie suchten ihr kleines Paradies
Nichts sollte stören
und ihr kleines Versteck
war ein Himmelbett
warm und süß

Auf dem Dach der Welt
da ganz oben
Sie wollten einfach nur ihre Ruh
Laß draußen doch den Wahnsinn toben
wir schließen Fenster und Türen ganz fest zu

Stille Liebe

Ihre Freunde wurden zu fernen Planeten
wir die Sonne – haben sie gedacht
Und nach einiger Zeit waren sie einsam zu zweit
alle hatten sich davongemacht

Waren sie mal für 'n Tag getrennt
und das Telefon blieb stumm
Dann konnten sie an nichts mehr denken
und stürzten ab ins Vakuum

Auf dem Dach der Welt, da ganz oben
sie wollten einfach nur ihre Ruh
Laß draußen doch den Wahnsinn toben
wir schließen Fenster und Türen ganz fest zu

»Unser Nest soll eine Festung sein . . .«
sie liebten sich wie verrückt
Und der Wind der Welt kam nicht mehr rein
So fand man sie eines Tages
an der Liebe erstickt

Soldaten der Liebe

Im Morgengrauen ohne Warnung
Geheimdienst hatte keine Ahnung
Voll getroffen – Raketeneinschlag
Es geht wieder los – trotz Friedensvertrag

Schwerverletzt, nervenzerfetzt
die Propaganda hetzt
Der Diplomat spricht von Verrat
Nachrichten gesperrt – Krieg erklärt

9h 10 – will zur Arbeit gehn
geht aber nicht – Tränengas im Gesicht
Der Feind hat sich im Bad verkrochen
Diplomatische Beziehungen – abgebrochen

Soldaten der Liebe
kennen keine Gnade

Bis mittags zwölf
Ultimatum - abgelaufen!
Waffenpause - Cognac saufen

Mein Puls geht auf 110
Vollangriff aufs Nervensystem
Im Minenfeld spazierengehn
Lippenstiftgranaten flitzen
hinterm Sofa - Heckenschützen

Jedes Argument wird prompt
niedergewalzt und niedergebombt - Krieg

Soldaten der Liebe
kennen keine Gnade

Spätnachrichten
Sendeschluß
Waffenstillstand
Bruderkuß
- Grausam diese Kriege - wollen wir nicht sehn -
Fernseher aus - schlafengehn!
Total erschöpft hören sie auf zu fighten
und träumen von friedlichen Zeiten

Soldaten der Liebe, Soldaten der Liebe

(Sie werden sich nie verlassen
das wär wie desertiern
Wen sollten sie dann hassen?
wer will schon seinen besten Feind verliern?)

Süßes Leben

Der Tag zerfällt in viele Teile
jeder Augenblick ein kleiner Sieg
Die Dunkelheit kommt näher
ich sehe keinen Weg

Ich warte auf die Klingel
brauch Stimmen am Telefon
Will lachen und will weinen
und noch ein bißchen aufrecht gehn

Wenn du mich jetzt berührst
bin ich für dich schön

Süßes Leben, es war so gut
Süßes Leben, es lebe mein Mut

Süßes Leben, es war so gut
Süßes Leben, ich feier meinen Mut

Warum kommt keiner mehr?
Ich bin ja noch nicht tot
Die Abenddämmerung . . .
der Himmel ist so rot

Die Stunden sind so kostbar
jede Sekunde ein Gewinn
Wenn du mich jetzt berührst
bin ich doch für dich schön

Süßes Leben, es war so gut
Süßes Leben, es lebe mein Mut

Süßes Leben, es war so gut
Süßes Leben, ich feier meinen Mut

Kosmos

Vielleicht ist unsere Sonne
nur ein Funke heißer Glut
vom Joint des großen Gottes

Vielleicht ist die Galaxis
nur ein Hauch von Haschischrauch

Die Milchstraße ist für ihn nur 'ne Linie Kokain

Wenn dann die Gedanken blitzen
sieht man die Kometen flitzen

Gott ist voll auf x-stasy
Gott ist   auf x-stasy
Gott ist   x-stasy

Who is he and who is me?

Und so ist seine Herrlichkeit
in Ewigkeit ewig breit
Amen

Vielleicht ist unsere Sonne
nur ein Funken heißer Glut
vom Joint des großen Gottes

Katja im Kosmos

Vielleicht ist die Galaxis
nur ein Hauch von Haschischrauch

Die Milchstraße ist für ihn nur eine Linie Kokain

Und die Sterne sind doch alle nur LSD-Kristalle

Gott ist voll auf x-stasy
Gott ist   auf x-stasy
Gott ist   x-stasy

Und so ist seine Herrlichkeit
in Ewigkeit - göttlich breit
Amen

Wenn doch die Menschheit wüßt
was Gott für ein breiter Vogel ist
Fielen sie vom Glauben ab
würden ihm nicht so viele Namen geben
und nähmen sich nicht
im Krieg das Leben

. . . und ewig rauscht die Linde

Nana M.

Es ist heute nicht leicht durch das Leben zu gehen
überall scheint das Glück schon zerbrochen
Es gibt viele die werden hart und brutal
wie zum Beispiel mein alter Freund Jochen
Er ist mittendrin im Immobiliengeschäft
und er sagt, daß er schnell ist und gut
Und er sagt: Für Gefühle hab ich keine Zeit
Doch ich sage, du lügst, tut mir leid

Gib es zu, du warst im Nana Mouskouri Konzert
ich hab dich gesehen, mein Freund
Gib es zu, du warst im Nana Mouskouri Konzert
Ich war auch da und du hast geweint!

Es ist heute nicht leicht durch das Leben zu gehen
viele lernen Karate und Judo
Und das ist nicht verkehrt in der Zeit der Gewalt
gestern traf ich meinen Vetter Udo
Er ist Fußballprofi, er kennt alle Tricks
und ich weiß, daß er schnell ist und gut
Und er sagt: Für Gefühle hab ich keine Zeit
Doch ich sage, du lügst, tut mir leid

Gib es zu, du warst im Nana Mouskouri Konzert
ich hab dich gesehen, mein Freund
Gib es zu, du warst im Nana Mouskouri Konzert
Ich war auch da und du hast geweint!

Ich bin Popstarprofi und kenne alle Tricks
und ich weiß, daß ich schnell bin und gut
Und ich sag, für Gefühle hab ich keine Zeit
(Nana M.): Doch ich sage, du lügst, tut mir leid

Gib es zu, du warst im Nana Mouskouri Konzert
ich hab dich gesehen, mein Freund
Gib es zu, du warst im Nana Mouskouri Konzert
Ich war auch da und du hast geweint!

Gib es doch zu, . . .

Gutes tun

Kondome nicht ins Klo
Keine Drogen sowieso
Weniger fernsehen
öfter zu Fuß gehen
Auch mal an die im Abseits denken
Gebrauchte Pornos dem Altersheim schenken

Bewußter atmen
Gesunde Sachen essen
Mit Nazis diskutieren
Und Jesus nicht vergessen

Auch mal fremden Hundekot entfernen
Den Islam näher kennenlernen

Gutes tun ist gar nicht schwer
man kann soviel Gutes tun
Gutes tun fällt gar nicht schwer
Gutes tun - bitte sehr
Gutes tun ist gar nicht schwer
Gutes tun - bitte sehr

Keine Pitbulls mehr züchten
Nicht in Steuerparadiese flüchten
Sich öfter mal nach Kleingeld bücken
Und nicht so oft mit der Nachbarin flirten
Nicht bei Rot über die Straße laufen
Keinen französischen Champus
Und keine japanischen Autos mehr kaufen

Gutes Tun ...

Arschgesicht

Du bist 'ne Pflaume
wie du schon aussiehst
Wird auch nicht besser
wenn du dich ausziehst
Deine Figur ist
wie ein Experiment
An dem Tag hat der Schöpfer
ja wohl leicht gepennt

Und wenn ich mit Dir
mal Abends ausgeh'
weißte, daß ich dann
wie'n Pfleger ausseh'
Und wenn wir tanzen
kommen die Leute an
und fragen voller Sorge
ob man helfen kann

Ich hab dich ja so lieb, du Arschgesicht
ein bißchen balla-balla das stört doch nicht
und daß du nicht so schön bist, ist auch egal
passiert doch jedem mal
Ich hab dich ja so lieb, du Arschgesicht
man müßte dich erfinden, gäb es dich noch nicht
Schönheit ist vergänglich – sie kommt und geht
doch ein Arschgesicht besteht

Du bist 'ne Pflaume
wie du schon aussiehst
Wird auch nicht besser
wenn du dich ausziehst
Und machst du'n Mund auf
das ist doch wohl nicht wahr
Für jedes Wort gibt es Schmerzensgeld
von der AOK

Ich hab dich ja so lieb, du Arschgesicht. . .

Die glatten Moviestars
die sind zwar wunderschön
Und trotzdem möchte ich
nicht gerne mit denen gehen

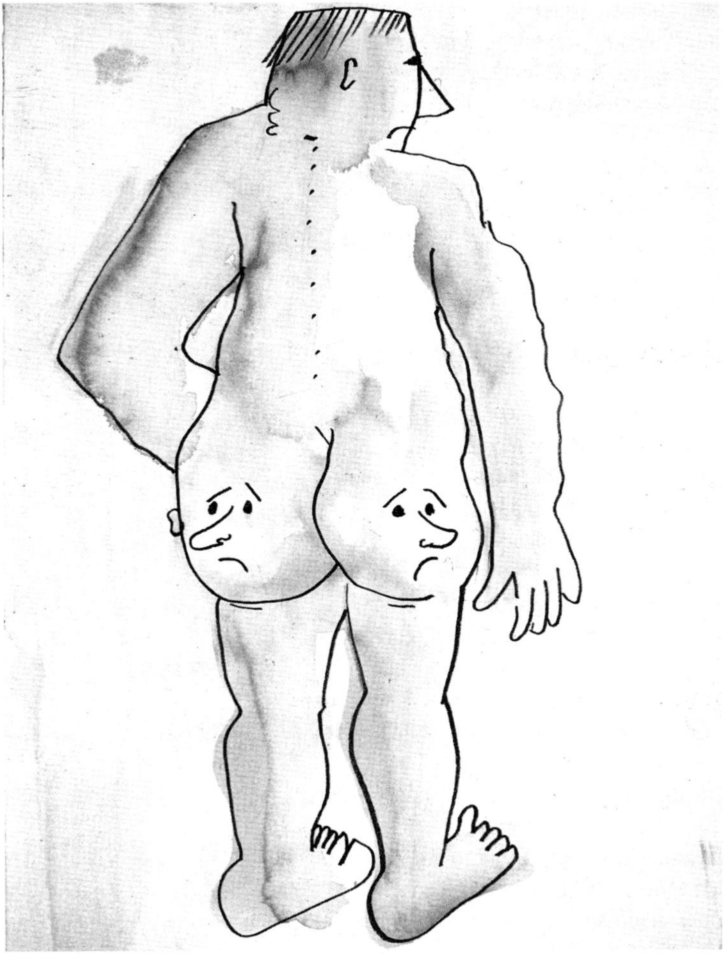

Arschgesicht

Denn da will jeder ran
den Streß brauche ich nicht
Da halt ich mich doch lieber
an mein süßes Arschgesicht

Ich hab dich ja so lieb, du Arschgesicht. . .

Hasse dich jetzt schon!

Und wieder stehst du da, nur
du siehst 'n bißchen anders aus
Und du trägst 'nen anderen Namen
aber sonst läuft es auf das gleiche raus
Die Story bleibt dieselbe
nur die Gesichter ändern sich
und jetzt bist du gekommen, und
ich finde dich ganz wahnsinnig

Du versprichst mir den Himmel auf Erden
doch ich weiß, es wird die Hölle werden

Ich hasse dich jetzt schon – hasse – hasse dich

Irgendwann tust du mir so weh
Ich möcht für immer bleiben
doch dann sagst du: Geh!
Ich kann dir jetzt schon prophezeien
erst werden wir lachen und dann werden wir weinen
Darum hasse ich dich jetzt schon

Ey, wie du mich so anguckst
spüre ich deine Magie
Du sagst, auf uns
gibt es hundert Jahre Garantie
Du sagst, mit uns, das wird
ganz anders und viel besser
und ich blinder Liebesaffe
renn wieder voll ins Messer

Du versprichst mir den Himmel auf Erden
doch ich weiß, es wird die Hölle werden

Ich hasse dich jetzt schon – hasse – hasse dich

Irgendwann tust du mir so weh
Ich möcht für immer bleiben
doch dann sagst du: Geh!
Ich kann dir jetzt schon prophezeien
erst werden wir lachen und dann werden wir weinen
Darum hasse ich dich jetzt schon

Und die Zeiten werden himmlisch
und die Zeiten werden brutal
Welche Liebe hält schon ewig
dann stirbt man wieder mal

Dr. Jekill

Im Hotel Pazific
wohnt ein Mann – sehr chic
Sehr charmant, mit Grandesse
dirigiert er sein Business
Eine Ehre ihn zu kennen
Namen wollen wir nicht nennen
Nicht zu unterscheiden von 'nem besseren Herrn
wenn da nicht diese abgrundtiefen Nächte wären

Dann liegt er wach, vom Heimweh gequält
denn etwas fehlt. . .

Ja mitunter, ja mitunter
muß die Ratte wieder in den Gulli runter
Ja zuweilen, ja zuweilen
muß sie sich wieder in den Untergrund abseilen
Dem Abgrund in die Augen schauen
dem Wahnsinn einmal blind vertraun
Und das alles rattenbreit
und das nicht nur zur Weihnachtszeit
wie Dr. Jekill und Mr. Hyde!

Doch dann erscheint im Morgenlicht
wieder sein anderes Gesicht
Und Mr. Hyde – den gab's gar nicht

Im Hotel Pazific
wohnt ein Mann – sehr chic
Nadelstreifen – sehr elegant
hält er die Fäden in der Hand
Ist alles gemanaged und der Abend ist da

geht er zu Goffredo an die Bar
Er hebt galant das Glas und spricht:
Ein wirklich feiner Herr verleugnet seine Herkunft nicht!

Also mix mir den Drink, den Zaubersaft
der das Gute will und das Böse schafft

Ja mitunter, ja mitunter
muß die Ratte wieder in den Gulli runter
Ja zuweilen, ja zuweilen
muß sie sich wieder in den Untergrund abseilen.
Dem Chaos in die Augen schauen
dem Wahnsinn einmal blind vertrauen
Und das alles rattenbreit
und das nicht nur zur Weihnachtszeit
wie Dr. Jekill und Mr Hyde!

Durch Katakomben zieht er dann
läßt sich treiben vom süßen Wahn
Dr. Jekill und Mr. Hyde

PS:

Wir sehen uns wieder beim Jüngsten Gericht
Ein wirklich feiner Herr verleugnet seine Herkunft nicht!!!

Der frische Wind von Berlin

Von Potsdam nach Pankow
von Kreuzberg nach Prenzlau
Vom Wannsee zum Alex
ich pfeif auf jeden Stau

Den Ku-Damm schnell runter
und dann die Linden rauf
durchs Brandenburger Tor
keine Mauer hält mich auf

Ich rausche ins Kempi
laß Juhnkes Fahne wehen
Am Bahnhofzoo im Damenklo
mit Nina Hagen voll durchdrehen

Oranienburger Straße
ich fege einer untern Rock
doch die Dame ist ein Herr
und ich krieg 'nen süßen Schock

Ich bin der frische Wind von Berlin
weiß noch nicht genau wohin
doch ich weiß hundert pro
der Wahnsinn kommt hier sowieso
Ich bin der frische Wind von Berlin
laß uns um die Häuser ziehn
Wir zischen los – Berliner Luft
Currywurst- und Kebap-Duft

Ich komme aus'm Osten
bring' Tolstoi und Wodka
Den roten Oktober
und jetzt die Mafia

Ich komme aus'm Westen
Luftbrücke nach Berlin
Goldstaub und Kinoträume
New Yorker Größenspleen

Ich bin der frische Wind von Berlin
weiß noch nicht genau wohin
doch ich weiß hundert pro
der Wahnsinn kommt hier sowieso
Ich bin der frische Wind von Berlin
laß uns um die Häuser ziehn
Wir zischen los – Berliner Luft
Currywurst- und Kebap-Duft

Ich wehte über Gräber
mit eisigen Liedern vom Sieg
Ich war der Rauch, der jahrelang
in Dachau aus dem Schornstein stieg

Danach hab ich lange stillgestanden
Ihr seid fast erstickt an eurem Mief
Doch dann stürmte ich die Barrikaden
als Wind der Rebellion, der euch um die Ohren pfiff

Ich bin der frische Wind von Berlin
weiß noch nicht genau wohin
doch ich weiß hundert pro
der Wahnsinn läuft hier sowieso
Ich bin der frische Wind von Berlin
laß uns um die Häuser ziehn
und kommt mir eener irgendwie krumm
denn puste ik den einfach um – verstehste wa?!

Ick bin der frische Wind von Berlin
und nix kann mir runterziehn
den ich weiß hundert pro
der Wahnsinn läuft hier sowieso – verstehste wa?!

Es bedeutet mir nichts mehr

Der Wecker macht mich wach
vor mir liegt ein toller Tag
doch es bedeutet mir nichts mehr

Auf die Straße gehen
und wunderschöne Frauen sehen
doch es bedeutet mir nichts mehr

Die Minis sind so knapp
ich komme trotzdem nicht auf Trab
es bedeutet mir nichts mehr

Ich könnt einen saufen gehen
doch ich laß den Cognac stehn
es bedeutet mir nichts mehr

WENN DU NICHT DABEI BIST...

Oder ins Reisebüro
nach New York – Rio – Tokio
es bedeutet mir nichts mehr

Moskau ist nicht weit
ich hätte Geld, ich hätte Zeit
doch es bedeutet mir nichts mehr

Oder ich fahr nach Norderney
doch du bist nicht dabei
darum bedeutet es nichts mehr

Ich kann auch bleiben wo ich bin
das macht genauso wenig Sinn
es bedeutet mir nichts mehr

WENN DU NICHT DABEI BIST. . .

Selbst wenn die ganze Welt
'ne Mega-Party wär
ging ich trotzdem nach Haus
denn es bedeutet mir nichts mehr. . .
Egal was ich auch mache
es interessiert mich 'n Scheiß
Ob jetzt die Linde rauscht
oder in China platzt ein Säckchen Reis

WENN DU NICHT DABEI BIST. . .

Mein Konto ist so voll
paßt nichts mehr drauf, das ist doch toll
Es bedeutet ihm nichts mehr

Die goldenen Kreditkarten
müssen in der Tasche warten
Es bedeutet ihm nichts mehr

Ich könnt mir 'n Flugzeug holen
flieg Loopings über Polen
doch es bedeutet mir nichts mehr

Ich könnt mir'n U-Boot schenken
und in der Südsee die französische Marine versenken
doch was soll's. . .

WENN DU NICHT DABEI BIST. . .

Ja, selbst das Paradies
wär ohne dich ganz fies
wenn du nicht dabei bist

WENN DU NICHT DABEI BIST. . .

Ich schwöre

Jetzt war ich wieder 'ne ganze Weile weg
das heißt nicht: Aus den Augen, aus dem Sinn
Unsere Freundschaft hat immer ein Comeback
es zieht mich immer wieder zu dir hin

Mußt nicht denken, daß ich unseren Schwur je breche
wenn ich die Welt durchcheck', was heißt das schon
was meinst du, wie oft ich mit dir spreche
auch ohne Telefon

Ich schwöre, wenn's drauf ankommt bin ich da
die dollsten Dinger machen wir klar
kommt es einmal hart auf hart
dann bin ich sofort am Start

Ich schwöre, wenn's drauf ankommt bin ich für dich da
Ich schwöre, wenn's drauf ankommt bin ich am Start

Ich spiel meine Rollen auf verschiedenen Bühnen
mal bin ich Penner und mal der Edelmann
Ich verkehr mit Präsidenten und Ganoven
doch wer kommt schon so richtig an mich ran

Der echte Klarttext läuft nur, wenn wir zusammen sind
kein Larifari und kein lauer Spruch
dann weiß ich wieder, wo ich eigentlich hingehör'
Ich bin so froh, daß ich dich hab'
Idioten gibt's auf dieser Welt genug

Ich schwöre, wenn's drauf ankommt bin ich da
die dollsten Dinger machen wir klar
kommt es einmal hart auf hart
dann bin ich sofort am Start

Ich schwöre, wenn's drauf ankommt bin ich für dich da
Ich schwöre, wenn's drauf ankommt bin ich am Start

Die Polizistin

Ich hatt' gestern Nacht, so gegen halb viere
eine Begegnung mit der Schmiere
Ich fuhr mit dem Auto n' bißchen zu schnelle
da hielt sie mich an mit ihrer Kelle

Ein Traum in grün, elegant und schön
sie sagt: Darf ich mal ihre Papiere sehn
Das kommt davon, wenn sie so rasen
jetzt müssen wir erstmal n' bißchen blasen!

Ja, sie war bei der Polizei
sie sah so gut aus und ich war gut dabei
Doch leider war sie n' bißchen streng
und dann wurde es eng
Denn ich hatte viel zu viel Promill
und sie sagt: Baby weißte, wenn ich will
dann nehm ich dich jetzt mal mit, mein Knecht
denn in der Zelle ist es auch nicht schlecht!

Ich sag: Hallo Schwester, zeigen sie Gnade
ey, lassen sie heute fünfe mal grade
Sie sind garantiert, jede Wette
von allen Bullen die schärfste Bullette

Ja, sie war bei der Polizei
sie sah so gut aus und ich war gut dabei
Doch leider war sie n' bißchen streng
und dann wurde es eng
Denn ich hatte viel zu viel Promill
und sie sagt: Baby weißte, wenn ich will

dann nehm ich dich jetzt mal mit, mein Knecht
denn in der Zelle ist es auch nicht schlecht

Und da mach ich dich so richtig schön fertig

Den schweren Jungs bei uns auf St. Pauli
haut sie erst mal locker was aufs Mauli
Oh süße Polizistin, ich begehre sie sehr
glaubt nicht sie regelt nur den Straßenverkehr

Ja, sie war bei der Polizei...

Riskante Spiele

Er war 15 Jahre alt, und er sagt zu seiner Mutter:
Ey, gib mir mal 'n Glas Wasser
ich muß mal eben 'ne Tablette einnehmen
Die alte Dame meinte: Sehr vernünftig,
du denkst an deine Gesundheit, mein Sohn
Und dann nahm er sich 'ne AM1
und später noch 'ne Speedogon
Uh, das knallte rein, das törnte sehr gut an
das zog ihm runter bis in die Socken
Und dann sagte er : Olga, alles easy
Jetzt geh' ich einen rocken

In der Schule, im Chemiesaal
mixte er sein Teufelszeug
Riskante Spiele, die er spielte
Er schnüffelte Juhu und Klebolin bis er schielte

Später rauchte er dann Haschisch
nahm x-tasy und LSD
und dann fiel er schließlich mit seiner Nase
auch noch voll in den Schnee

Laß die harten Drogen sein!
Trink dir doch mal lieber einen!
Jetzt griff er zur Fuselpulle
er war interessiert, wie Alkohol funktioniert
Nun stand er jeden Abend an der Theke
und trank mit Vergnügen viele Flaschen aus
Doch eines Abends nach dem 20. Bier
da sah er seine erste weiße Maus

Uh, das darf nicht sein, nein, nein, nein!
Er macht die Augen zu und hält sich am Tresen fest
doch da merkt er zu spät
er steht mit den Beinen schon mittendrin im Mäusenest!

Ich schwöre (Epilog)

Jetzt bin ich wieder 'ne ganze Weile weg
das heißt nicht: Aus den Augen, aus dem Sinn
Unsere Freundschaft hat immer ein Comeback
es zieht mich immer wieder zu dir hin

Mußt nicht denken, daß ich unseren Schwur je breche
wenn ich die Welt durchcheck', was heißt das schon
was meinst du, wie oft ich mit dir spreche
auch ohne Telefon

Hinterm Horizont geht's weiter

Ich schwöre, wenn's drauf ankommt bin ich da
die dollsten Dinger machen wir klar
kommt es einmal hart auf hart
dann bin ich sofort am Start

Ich schwöre, wenn's drauf ankommt bin ich für dich da
Ich schwöre, wenn's drauf ankommt bin ich am Start

Ich kenne Leute, die machen sich gegenseitig fertig
werden schwächer jeden Tag, nennen das Leidenschaft
In dieser Welt voll Krieg und Tränen
ist Liebe doch nur gut, wenn sie stärker macht

Daran denk ich oft, wenn ich im Welten-Dschungel
vorübergehend mal verschollen bin
und dann wird es wieder Zeit, der nächste Airport ist nicht weit
und ich zische ganz schnell wieder zu dir hin

Ich schwöre, wenn's drauf ankommt bin ich da
die dollsten Dinger machen wir klar
kommt es einmal hart auf hart
dann bin ich sofort am Start

Ich schwöre, wenn's drauf ankommt bin ich für dich da
Ich schwöre, wenn's drauf ankommt bin ich am Start

Diskographie

	LP-Best.-Nr.
Lindenberg (1971)	6.21081 Teldec
Daumen im Wind (1972)	6.21104 Teldec
Alles klar auf der Andrea Doria (1973)	6.21138 Teldec
Ball Pompös (1974)	6.21202 Teldec
Votan Wahnwitz (1975)	6.22223 Teldec
Galaxo Gang (1976)	6.22460 Teldec
Panik-Udo (1976)	6.22524 Teldec
Sister King-Kong (1977)	6.22609 Teldec
No Panic (1977)	6.22980 Teldec
Lindenbergs Rock Revue (1978)	6.23474 Teldec
Dröhnland Symphonie (1978)	6.23682 Teldec
Livehaftig (1979)	6.28475 Teldec
Der Detektiv (1979)	6.24091 Teldec
Panische Nächte (1980)	6.23279 Teldec
Panische Zeiten (1980)	6.24311 Teldec
Father, you should have killed Hitler (Berlin) (1980)	Island
Udopia (1981)	6.24650 Teldec
Lindstärke 10 (1981)	811834-1 polydor
Intensivstationen (1982)	6.28580 Teldec
Keule (1982)	6.25118 Teldec
Odyssee (1983)	237217-1 polydor
Götterhämmerung (1984)	817214-1 polydor
Alles klar (1984)	6.25819 Teldec
Radio Eriwahn (1985)	823630-1 polydor
Sündenknall (1985)	polydor
Honky Tonky Show (1985)	6.26137 Teldec
Phönix (1986)	831229-1 polydor
I don't know who I should belong to (1986)	831761-1 polydor
Feuerland (1987)	833657-1 polydor

Hermine (1988)	835179-1 polydor
Gänsehaut (1988)	835982-1 polydor
Casa Nova (1988)	837683-1 polydor
Bunte Republik Deutschland (1989)	841421-2 polydor
Ich will dich haben (1991)	847946-2 polydor
Gustav (1991)	511236-2 polydor
Panik Panther (1992)	517142-2 polydor
Benjamin (1993)	521133-2 polydor
Kosmos (1995)	527558-2 polydor
... und ewig rauscht die Linde (1996)	531607-2 polydor

Danksagung

Der Verlag dankt folgenden Musikverlagen für ihr freundliches Einverständnis:

PolyGram Songs,
MCA, Roba, EMI,
peer music und Warner/Chappell

Bildnachweis:
Alle Fotos: Teutopress, Bielefeld
Alle Zeichnungen von Udo Lindenberg.

In Zusammenarbeit mit Udo Lindenberg haben die folgenden Songtexte geschrieben:

Günter Amendt: Straßen-Fieber

Johannes Bauer van Doerp: Meine Eltern

Günther Behrle: Ein Mensch ist immer gut zu Tieren

Mark Bohm: Ich träumte oft davon ein Segelboot zu klau'n

Nadine Borowski: Wolke 7/Es muß jetzt passieren

Rory Michael Bourke/Charlie Black: Honky-Tonk-Aholik

Bertolt Brecht: Say No

Frank Dostal: Big Brother's Töchter

Werner Burkhardt: Es ist alles im Lot auf dem Riverboat

Curt Cress/Frank Ryan/Peter Weihe: Modezombies/Knock Out/ Fäuste aus Stahl/Benjamin

Eckart Hachfeld: 16 Jahr'

Kurt Feltz/Ralph Maria Siegel: Panik-Panther

Karlheinz Freynick: Bett-män

Charlotte Groenewold: Sie wollte Liebe/I Love Me Selber, Smog Rock

Chou-Chou Harter: Body-Building-Braut

Lukas Hilbert: Du musst ein Schwein sein/Ich hasse Dich jetzt schon/ Ich will Dich haben

Erich Kästner: Sachliche Romanze

Katja Keller: Ich schwöre/Der Kandidat

Horst Königstein: Satellit City Fighter/Rockin' And Rollin'/Tutti Frutti/Verdammt, wir müssen raus aus dem Dreck/Salty Dog/Ich sitze den ganzen Tag bei den Docks/Reeperbahn/Süße kleine Sechzehn/Der Boß von der Gang/Sympathie für den Teufel/Immer noch verrückt nach all den Jahren/Der amerikanische Traum/New York/Es reicht gerade noch zum Überleben/Born to be wild/Desperado/Ich steh ja so auf Disco/Baltimore/Die kleine Stadt/Kentucky-Mädchen/Good bye, Norma Jean/Dirty Old Man/Jonny Boxer/Die Klavierlehrerin/Hermine/Die Augen zu/Niemandsland/Palais d'amour/Unterm Säufermond/Süßes Leben/Grüne Mauer

Ulf Krüger: Ich will den Platz in meinem Herzen neu vermieten

Olaf Kübler: Udo on the Rocks/Riki Masorati/Dr. Kimbel auf der Flucht/Heyooh Guru/Commander Superfinger/Familie Kabeljau/Find' ich gut (Ede Ödelmann)

Angela Lenz: Die süssen Schlabberbären

George Lynch: Urmensch/Ratten

Angelina Maccarone: Ali Nr. 2/Die Augen zu/Niemandsland/Kleine Staaten/Russisch Roulette/Madonna/Der frische Wind von Berlin/Ich bin ein Single/Wenn Du mit ihm schläfst/Weißt Du wieviel Sternlein stehen/Vom Opfer zum Täter/Nathalie aus Leningrad/Manchmal bist Du sowas von bescheuert/Er wollte nach Deutschland/Eifersucht/Die Zombies von Deutschland/Der Countdown läuft/Messer in mein Herz

Ulla Meinecke: Schneewittchen/Sie ist vierzig/Höllenfahrt/Bis ans Ende der Welt/Zocker/Mein Gittarist

Annette Humpe: Körper/Ich will den Platz in meinem Herzen neu vermieten/Ein Herz kann man nicht reparieren

Inga Humpe: Ein Herz kann man nicht reparieren

Cornelie Strecker-Kübler: Heyooh Guru

Barbara Streusand/Michael Quietschhafer: Russen

Bea Reszat: Horizont/Wie'n alter Freund/Mit Dir sogar 'n Kind, Madonna/Piratenfreunde

Mike Thatcher: Germans/Spy/Sachliche Romanze

Kurt Tucholsky: Augen in der Großstadt

Funny van Dannen: Nana M/Gutes tun

Alle Texte alphabetisch